리더의 태도

리더의
태도

문성후 지음

리더의 차이는
어디에서 나오는가

카시오페아
Cassiopeia

개인과 사회를
한 단계 끌어올릴 리더의 태도

코로나 팬데믹 이후 세상에는 수많은 변화가 찾아왔습니다. 비대면 업무의 일상화, 근무 유연성의 강화부터 회식 문화의 변화까지. 이미 조짐은 보였지만 완벽히 안착하지 못했던 작은 변화들이 새로운 시대의 '뉴 노멀New Normal'로 급부상을 하게 되었지요. 그리고 MZ 세대라는 새로운 가치관을 지닌 신인류가 본격적으로 사회생활을 시작하는 나이에 접어들며 기업에 대거 유입됨에 따라 기성세대와 이들 사이의 조화와 협업이 기업 운영의 중요한 부분으로 드러나기 시작했습니다. 여기에 더해 기업의 친환경, 사회적 책임 경영, 지배 구조 개선을 중요하게 생각하는 ESG(환경Environmental, 사회적 책임Social, 지배 구조Governance를 의미하는 영어 단어의 첫 글자를 딴 용어)가 글로벌 스탠더드로 설정되면서 최근 많은 기업들이 기업의 사회적 책무와 투명한 운영을 위해 의식적으로 노력을 기울여야 하는 상황이 되었습니다. 예전처럼 뒤를 돌아보지 않고 불도저식 경영을 한다거나 양적인 성장에만 치중한 경영 방식으로는 기업의 가치를 시장에 제대로 전달할 수 없음은 물론이고, 품격 있는 성장을 이루기 어려운 상황이 되었지요. 이제 기업은 우등생을 넘어 모범생이 되어야 하는 시대입니다.

이렇게 대내외적으로 커다란 변화가 휩쓰는 시절일수록 조직에서는 구성원들을 이끌고 중요한 결정을 내리는 리더의 역할이 더욱 중요해집니다. 망망대해 위에서 거친 풍랑을 만난다고 해도 방향타를 잘 잡고 노련하게 항해를 할 줄 아는 선장이 배에 타고 있다면 그 배는 언젠가 안전한 육지에 도착할 수 있습니다. 그렇다면 변화와 혁신의 시대, 리더는 어떤 모습이어야 할까요? 새로운 시대가 원하는 리더의 핵심 자질은 무엇일까요? 여러 자질이 있겠지만 저는 단연 '지속 가능한 리더십'이 필요하다고 생각합니다. 단 한 번의 성공에 심취해 자만하지 않고, 자신과 구성원들과 조직 전체를 더 커다란 목표로 전진하게 만들 줄 아는 목적 지향적인 리더십 말이지요.

앞에서 전 세계적으로 기업의 새로운 경영 문법으로써 ESG

가 주목받고 있다고 언급했습니다. ESG는 재무적인 성과만으로 기업을 평가하던 전통적 방식에서 벗어나 장기적 관점에서 기업의 가치와 지속 가능성에 영향을 줄 수 있는 주요 요소인 환경, 사회적 책임, 지배 구조 개선을 골자로 기업을 평가하는 것입니다. ESG는 양적인 팽창, 성장중심주의 일변도의 기업 운영이 가져온 폐해—전 지구적인 환경 오염, 비도덕적인 기업 운영 등—를 극복하고, 보다 지속 가능한 기업의 성장을 위해 고안된 경영 문법입니다. 그리고 지속 가능한 경영을 하기 위해서는 기업 운영의 중심인 리더의 역할이 중요합니다. 저는 현재 연세대학교 일반대학원에서 '지속 가능한 리더십'을 주제로 강의를 이어오고 있습니다. 또한 《부를 부르는 ESG》, 《경영진이 꼭 알아야 할 ESG》, 《부를 부르는 평판》 등 ESG 전문가로서 관련된 저술 활동도 활발히 해왔습니다. 기업의 리더들이 오늘날 가장 중요하게 급부상한 ESG의 가치와 지속 가능한 리더십을 이해하는 데 제가 공부하고 경험한 내용이 조금이나마 도움이 되었으면 하는 마음에서 비롯된 일들입니다.

이 책 역시 그 연장선에서 쓰게 되었습니다. 다만, 조금 더 대중적이고 범용적인 시선에서 지속 가능한 리더십에 접근하고자 했습니다. 이를 실현하기 위해 어떤 방법이 있을지 길게 고민한 끝에 '리더의 태도'에 대해 짚어주는 것이 좋겠다는 결론에 이르렀습니다. 저는 리더는 사람이 아니라 역할이라고 생각합니다. 즉, 리더를 사람 그 자체로 보기보다는 특정한 역할을 맡아서 해야 하는 자리로 바라봤습니다. 그런 시선으로 리더를 규정하고 나니 그 역할에 필요한 여러 가지 태도를 이야기하지 않을 수 없더군요. 제가 리더의 태도를 이야기하게 된 데에는 또 다른 이유가 있습니다. 태도Attitude가 행동Behavior을 만들고, 행동이 자동화되면 습관Custom이 되며, 결국 습관은 사람의 운명Destiny을 결정합니다. A가 B를, B가 C를, C가 D를 만듭니다. 리더가 행하는 작은 태도들이 쌓여 그 리더의 운명이 되고, 그 리더가 속한 조직의 운명이 결정됩니다. 조직 관리에서 '인사人事가 만사萬事'라는 말이 괜히 나온 것이 아니지요.

| 태도 A | → | 행동 B | → | 습관 C | → | 운명 D |

저는 늘 형식지보다 경험과 식견에서 나오는 암묵지가 중요하다고 생각하는 사람입니다. 지식은 여러 사람이 이해할 수 있게 체계적으로 정리되어야만 효과적인 전파와 공유를 할 수 있습니다. 학문의 세계에서는 더욱 그러합니다. 법과 경영학을 전공하며 3개의 석사 학위와 1개의 박사 학위를 받고, 미국 변호사 자격증을 따는 과정에서 저는 체계를 갖춘 지식이 얼마나 중요한지에 대해 그 누구보다 생생하게 체험했습니다. 동시에 금융감독원을 시작으로 본격적인 사회생활에 돌입해, 이후 9개의 직급을 건너뜀 없이 하나하나 밟아 나가며 24년 동안 사원에서부터 임원까지 두루 거치면서 암묵지의 중요성을 인식하게 되었습니다. 책에서는 배울 수 없는 실전에서의 경험만큼 사람의 시선을 확장시켜주고, 지혜의 깊이를 더해주는 것이 없다는 사실을 깨달았기 때문입니다. 이른바 '경험 학습Experiential Training' 이지요. 그리고 그렇게 습득한 암묵지를 다음 세대로 잘 전달해주는 것이 인생을 조금 더 살아본 선배이자 리더로서 할 수 있는 최선의 역할이라는 생각이 들더군요. 이것이 제가 2016년 인생 2막을 열면서 '지식 전달자'로 살겠다고 결심한 이유입니다. 현재 저는 오랫동안 직장생활을 하며 쌓아온 암묵지를 책과 강연을 통해 대중들에게 전달하는 일을 7년째 해오고 있습니다.

'문성후'라는 1인 기업을 운영하는 대표이자 리더로서 새로운 삶을 의욕적으로 살아나가는 중이지요.

이 책에서 저는 이 시대를 살아가는 리더가 꼭 가져야 하는 자질을 6개의 키워드로 나눠 정리했습니다. 바로 '충직', '자존', '배려', '개방', '갈망', '단정'입니다. 리더는 무엇보다 '충직'해야 합니다. 일과 사람에 거짓됨 없이 성실함과 꾸준함으로 성심을 다해 일해야 합니다. 그것이 함께 일하는 구성원들에게 신뢰를 얻고 초격차의 성과를 거두는 제1의 비결입니다. 그리고 리더는 자신에 대해 잘 알아야 합니다. 저는 그것을 '자존'이라는 키워드로 압축했습니다. 일반적으로 자존은 '자신에 대한 존중'이라는 의미로 많이 쓰입니다. 하지만 저는 자신을 존중하기 위해서는 자신에 대한 올바른 인식이 선행되어야 한다고 생각합니다. 그러한 이유에서 자존을 '자신을 올바르게 인지하는 태도'로 새롭게 규정했지요. 리더가 자신의 뛰어난 점과 부족한 점을 있는 그대로 수용할 줄 알면 자부심과 겸손함이 공존하는 아름다운 모습으로 일을 해나갈 수 있습니다. 이는 '배려'의 태도로도 이어집니다. 자신을 무리하게 몰아붙이지 않으면서도, 함께 일하는 구성원들의 상황을 헤아릴 줄 아는 디테일을 구사할 수 있게

되는 것이지요. 배려는 리더가 구성원들과 더불어 성장하며 목
표를 달성하기 위해 꼭 보여줘야만 하는 태도입니다. 함께 걸어
가야 더 멀리까지 갈 수 있기 때문입니다.

또한 리더는 다양한 가치를 수용하며 혁신을 추구하는 '개방'
의 태도를 보여야 합니다. 리더가 눈과 귀와 마음의 문을 활짝
열고 어떠한 편견도 없이 조직 구성원들과 진솔하게 소통할 때,
그가 이끄는 조직에 비로소 건강한 활력과 창의적인 아이디어
가 만발합니다. 하지만 일을 하다 보면 늘 성공만 따르지는 않습
니다. 나와 조직의 부족함을 느끼는 순간, 통렬한 실패를 맛보는
순간을 절대 피할 수 없습니다. 역설적이지만 열심히 일할수록
실패의 순간을 맞이할 가능성이 더욱 커집니다. 아무런 일도 하
지 않는 조직과 리더에게는 아무런 일도 일어나지 않기 때문입
니다. 실패도 없지만, 성공과 발전도 없지요. 리더는 실패를 두
려워하지 말고 더 높은 비전과 목표를 '갈망'하며 끊임없이 전진
해야 합니다. 늘 새로운 도전에 목말라하는 리더만이 궁극에는
실패를 성공으로 만드는 신화의 주인공이 됩니다.

마지막으로 리더는 '단정'해야 합니다. 안과 밖으로 늘 좋은
습관을 반복적으로 이어가며 규칙적인 루틴 속에서 일과 삶의
질서를 유지해야 합니다. 초심과 중심을 잃지 않고 내면의 질서

가 올곧게 선 리더는 올바른 판단과 명료한 지시를 내립니다. 리더가 흔들림이 없으면 구성원들은 자연스레 믿고 따릅니다. 이는 지속 가능한 리더십의 원천입니다. 정돈된 태도를 보이는 리더는 일과 사람에 삿된 마음을 품지 않습니다. 오늘날의 조직과 사회가 원하는, 인성과 도덕성을 겸비한 리더의 모습이지요.

이 책은 현재 리더의 자리에 있는 분들에게는 성찰과 도약의 계기가 되어줄 것입니다. 그리고 예비 리더분들에게는 자신이 미래에 어떤 모습의 리더가 될지 미리 생각하고 준비하는 데 가이드가 되어줄 것입니다. 우리는 리더라고 하면 특정한 조직에 속한 관리자의 모습을 떠올리곤 합니다. 하지만 목표를 가지고 능동적으로 삶을 이끌어가고자 한다면 우리는 모두 자기 삶의 리더이기도 합니다. 즉, 이 책은 자신의 삶을 주도적으로 이끌어 미래의 성장을 도모하고 싶은 모든 사람을 위한 지침서이기도 합니다. 조직에 속하지 않고 자기만의 콘텐츠와 브랜드로 1인 기업을 운영하는 분들에게도 이 책의 내용이 유용한 조언으로 다가갔으면 하는 마음입니다. 마지막으로 이 책을 읽는 모든 독자분들이 자신이 서 있는 그 자리에서 자기만의 멋진 태도를 바탕으로 늘 건승하기를 기원합니다.

차 례

第一章

충직

忠直

: 일과 사람에 거짓되지 않고
정직한 태도

일에
거짓말하지 마라

'충직'의
진짜 의미

중간 관리자 이상을 대상으로 하는 리더십 강연에서 일하는 사람의 덕목으로 '충직'을 언급하면 많은 분들이 거부감을 표현합니다. 회사에 다니는 것만으로도 육체적으로 고단한데, 마음마저 충성을 다하라는 말이냐면서요. "직장이 군대는 아니지 않습니까?"라고 되묻는 분도 있습니다. 이런 반응은 충직이라는 단어에 대한 오해에서 비롯됩니다. 충직은 무턱대고 시키는 대로 일하거나 목숨을 걸고 일하라는 뜻이 아닙니다. 국립국어원

표준국어대사전에 따르면 충직의 정의는 '충성스럽고 정직함'입니다. 즉, 그 대상이 일이든 사람이든 '거짓말을 하지 않고' 정성스럽고 진실하게 대한다는 뜻입니다. 충직의 핵심은 무조건적인 성실함이 아니라 '정직한 태도'인 것이지요.

이쯤에서 난센스 퀴즈를 내보겠습니다. 세상에서 가장 나쁜 벌레는 무엇일까요? 정답은 '대충蟲'이라고 합니다. 장인匠人, 달인達人, 마스터Master 등 한 분야에서 일가를 이룬 사람들에게는 공통점이 있습니다. 이들은 자기 분야에서 리더일 뿐만 아니라 일과 사람에 매우 충직합니다. 즉, 일과 사람을 대하는 태도가 성실할 뿐만 아니라 절대 거짓말을 하지 않습니다. 거짓말을 한다는 것은 눈속임을 한다는 뜻입니다. 자신의 편의와 이익을 위해 상대방을 속이는 일을 서슴지 않는 것이지요. 일이든 사람이든 신실함 없이 함부로 대하는 순간, 그 일과 사람 역시 여러분을 함부로 대합니다. 인과응보입니다. 따라서 일의 성과나 좋은 인간관계를 유지하고자 한다면 거짓 없이 정성을 기울여야 합니다. 그것이 충직입니다.

충직이라는 단어를 떠올리면 늘 생각나는 분이 있습니다. 오래전 저와 함께 일했던 현대자동차의 부장님입니다. 그분은 굉장한 '마이크로 매니저'였습니다. 모든 일을 세세하게 챙기는 스타일이었지요. 그러다 보니 그분의 업무 스타일과 맞지 않는 분들은 그런 세세함을 두고 '부장이 아니라 대리'처럼 일한다고 비난 아닌 비난을 하기도 했습니다. 하지만 그분의 일하는 방식을 가만히 살펴보니, 그 부장님은 아주 사소한 일도 성실하고 정직한 태도로 대했습니다. 그 부장님과 함께 유럽 자동차 대리점들의 M&A 프로젝트 수행을 위해 주요국들을 돌며 출장할 때의 일입니다. 해당 프로젝트는 난이도가 상당한 일이었습니다. 유럽 각국의 현대자동차 대리점 현지 사장들은 성향이 모두 달랐을 뿐만 아니라 내거는 협상 조건도 까다로웠기 때문입니다. 저는 당시 미국 뉴욕주 변호사이자 법무팀 차장으로서 M&A 계약서의 문구를 일일이 확인하고 협상과 회의를 주재하느라 정신 없는 나날을 보냈습니다. 그 부장님 역시 저만큼이나 바쁜 일정을 보냈음은 물론입니다.

그런 강행군이 이어지면 공식적인 업무 일정을 소화하는 것만으로도 버거워하기 마련입니다. 그런데도 그 부장님은 다음 날 이른 새벽, 조식을 먹기 위해 만나면 M&A 프로젝트를 매끄럽게 완수할 만한 새로운 아이디어를 한 보따리씩 풀어내곤 했습니다. 퇴근 후에도 밤새 치열하게 고민했다는 증거였지요. 일뿐만이 아니었습니다. 더 맛있는 식사 메뉴, 더 효율적인 이동

동선을 제시하는 등 무엇 하나 허투루 넘기는 법이 없었습니다. 도대체 저분은 언제 잠을 주무시나, 일이 저렇게도 좋으실까 하는 생각이 들 정도였습니다. 하지만 제 눈에는 그 모습이 병적인 워커홀릭처럼 보이는 것이 아니라 일이든 사람이든 온 마음을 다해 진실하게 대하는 것처럼 보였습니다. 힘든 업무를 진행하는 와중에도 늘 웃는 표정과 함께 일하는 사람들에 대한 온화하고 성의 있는 태도를 잃지 않았기 때문입니다. 제게 그 부장님은 일과 사람 모두에 정성을 다하는 리더의 표본처럼 다가왔습니다. 그때 받은 좋은 인상이 10여 년 이상을 가더군요. 그런데 이분을 몇 년 전 우연한 기회에 다시 뵐 기회가 있었습니다. 온화한 표정이며 제스처, 충직한 태도 등 모든 것이 한결같았습니다. 다만 딱 하나 바뀐 것이 있었는데, 기아의 사장님이 되셨더군요. 바로 기아의 송호성 사장님입니다. 높은 리더의 자리로 올라가신 것이지요.

충직한 태도는
자신만의 신념에서 비롯된다

어떻게 해야 충직의 태도가 내 몸에 자연스럽게 밸 수 있을까요? 제일 먼저 할 일은 본인만의 믿음을 가지는 것입니다. 자신이 믿는 대로 사람을 대하고 일을 하는 것이 옳다는 신념을 가져야 합니다. 인간은 자신의 신념을 쉽게 바꾸지 않는 아주 고집스러운 존재입니다. 역사의 수많은 사례가 그것을 증명합니다. 그 믿음을 위해 순교를 하고 혁명을 일으키는 등 기꺼이 희생과 헌신을 합니다. 이렇게 신념을 가지고 추진한 바가 실제로 현실에서 이뤄질 때 신념은 자신감과 결합합니다. 이 둘이 시너지를 일으켜 주변의 지지와 훌륭한 성과로 이어지면 신념은 더욱더 굳어집니다.

'철의 여인'이라고 불렸던 전 영국 총리 마거릿 대처Margaret Thatcher는 자신의 신념과 일에 충직했던 리더의 대표적인 사례입니다. 그의 전기를 비롯해 많은 기록에 따르면 대처는 자신에게 맡겨진 소임이나 자신이 선택한 길에 최선을 다하는 인물이었습니다. 대처는 어린 시절부터 정치에 관심이 많았고 변호사를 꿈꿨지만, 장학금을 받기 위해 옥스퍼드대학교에서 화학을 전공했습니다. 관심 분야가 아니었음에도 그녀는 우수논문상을 받을 만큼 자신이 선택한 전공 공부에 최선을 다했습니다. 이후 화학을 전공한 여성은 정치에 맞지 않을 것이라는 편견을 이겨내고 정치인으로서 필요한 입법 지식을 갖추기 위해 법학을 공부해 변호사가 됩니다.

대처의 이런 노력만큼 돋보이는 것은 현실 정치에서 보여준 신념입니다. 당시(1970년대) 영국은 과도한 사회 복지와 강성 노조들이 막강한 영향을 끼쳐 지속적인 임금 상승 및 생산성 저하 등으로 소위 '영국병'이라고 불리는 고복지·고비용·저효율의 경기 침체를 겪고 있었습니다. 정치인 대처는 이 영국병을 치료해야 국민들이 행복해질 것이라고 믿었습니다. 그리고 그 믿음을 실현하기 위해 권력을 얻고자 노력했습니다. 연이은 의회 낙선에도 굴하지 않았으며, 여성을 무시하는 영국 보수당의 분위기 속에서도 자신을 증명하기 위해 최선을 다했지요. 그 결과, 정치에 입문한 지 10년 만인 34세에 하원 의원에 당선됩니다. 이후 영국 정부의 주요 요직을 거쳐 1979년 영국 최초의 여성 총리가 됩니다.

총리가 된 대처는 영국 경제의 회생을 위해 소위 '대처리즘 Thatcherism'으로 불리는 고강도의 긴축 재정을 펼칩니다. 그 과정에서 대량의 실업자가 양산되고 노조 파업이 잇따르는 등 진통이 있었지만, 자신의 신념을 믿고 충직한 태도로 국민을 설득하고 정책을 추진해나갔습니다. 그녀가 자신의 신념과 소임에 충직한 태도로 임한 덕분에 영국은 1987년, 18년 만에 재정이 흑

자로 전환되고 경제 성장률이 4% 상승하는 등 만성적인 영국병에서 탈출할 수 있었습니다.

연마되지 않은 충직함은
오히려 독이다

사실 과유불급이라고, 지나치게 충직한 태도는 부작용을 불러일으키기도 합니다. 리더로서 무엇이든 충실하게 해내려다 보면 무엇보다 스스로가 번아웃Burnout이 될 우려가 있습니다. 그리고 독선에 빠질 수도 있지요. 자수성가한 창업자들이 빠지기 쉬운 덫 중 하나가 바로 '자신의 성공 경험'에 취해 상대에게도 높은 기대 수준을 가짐으로써 스스로에게나 타인에게나 인색해지는 것입니다. 본인이 생각하는 충직함의 기준대로 자신은 물론이고 다른 사람들이 쫓아오지 못할 때 이를 비난한다면 결국 인심을 잃고 관계가 나빠질 수도 있습니다. 리더의 충직함이 잘 연마되지 못하면 자칫 일방통행적인 지시를 하는 불통의 리더로 전락하기에 십상입니다.

한때 제가 모셨던 한 회장님은 정말 밤낮없이 일하는 분이었습니다. 한 회사에서 임원으로 재직하다가 퇴사 후 본인 사업을 시작해 대한민국 20대 그룹으로 성장시킨 성공 신화의 주역이셨지요. 그분을 곁에서 보좌하다 보면 어쩌면 저렇게 모든 일에 최선을 다하시나 싶었습니다. 그런데 그분이 세운 기업의 운영 방식 등에 대해 주변에서 서서히 염려의 목소리가 들려오기 시작했습니다. 그 회장님의 경우를 보며 자수성가한 사업가의 명암에 대해 이해할 수 있었습니다. 충직함도 피보팅(Pivoting, 본래는 스포츠 용어로 '축을 옮기다'라는 의미인데, 위기 상황에서 다양한 방식으로 사업의 방향을 전환함을 의미하기도 한다)을 통해 조정되어야 함을 깨달았지요. 아무리 충직하게 일을 한다고 해도 그 충직함이 노련하게 연마되지 않으면 리더의 성과는 공보다 과가 더 두드러질 수 있기 때문입니다.

리더의 위엄과 품격을 지켜주는 단 하나의 무기

충직함은 리더에게 일의 성과와 함께 위엄과 품격을 가져다줍니다. 기업 임원을 예로 들어보겠습니다. 기업 임원들에게 가장 큰 스트레스와 긴장감을 유발하는 사람은 누구일까요? 제 경험에 따르면 회장도, 팀원들도 아닙니다. 동료입니다. 회사는 임원들에게 각자 독립성을 가지고 일하라고 이야기합니다. 물론 임원들 간에도 '사장-부사장-전무-상무'로 이어지는 전통적인 직급 체계가 존재하기는 하지만, 일단 임원이 되면 직급에 관계없이 독립적으로 일하기를 회사는 원합니다. 보통 임원을 '조직의 별'이라고 칭하는데, 별은 스스로 빛나는 존재입니다. 즉, 각자 자신의 자리에서 빛나게 일하라는 뜻이겠지요. 하지만 그 이면에는 다른 별보다 자신이 더 빛날 수 있도록 긴장감을 가지고 경쟁하라는 의미도 암묵적으로 존재합니다. 조직 관리의 차원에서는 내부 인력들 사이에 협업도 필요하지만, 경쟁을 통해 성과를 내는 것을 선호합니다.

조직의 생리가 이렇다 보니 임원들은 서로 마냥 인간적으로 지내기가 어렵습니다. 어제 호형호제를 하다가도 오늘 누군가는 갑자기 옷을 벗고 집에 가고, 징계를 받고, 한직으로 발령이 나는 것이 현실이니까요. 그 과정에서 위계가 역전되고 몸담은 조직이 바뀌며 상호 간에 호칭도 변화합니다. 제가 아는 한 후배는 A 회사에서 부장으로 일하다가 자발적 퇴사 후 B 회사로 이직했습니다. 워낙 능력이 출중했던 그는 B 회사에서 임원의 자리까지 올랐는데, 이후 B 회사가 A 회사를 인수하는 일이 벌어졌습니다. 그 결과 이전 직장에서 상사로 모시던 분이 자신의 아랫사람이 되는 상황을 맞이했지요. 그뿐일까요? 스타트업 대표에게 늘 면박에 시달리던 직원이 퇴사 후 기업 투자의 심사역이 되면서 자신을 힘들게 하던 상사의 기업에 투자 여부를 좌지우지하는 상황도 종종 벌어집니다. 쉽게 말해 언제, 어느 자리에서, 어떤 모습으로 만날지 알 수 없다는 말입니다.

　이런 아이러니하고 웃지 못할 상황들 속에서 리더로서 위엄과 품격을 유지할 방법은 딱 하나입니다. 늘 충직한 태도로 일과 사람을 대하는 것뿐입니다. 충직함은 일관됨과도 상통합니다. 저는 만 41세라는, 그 당시 굉장히 젊은 나이에 현대자동차그룹에서 이사 대우의 자리에 올랐습니다. 하지만 그만큼 미숙함도 많았고, 시행착오도 적잖이 겪었습니다. 감당하지 못할 일들이 몰려왔지만, 회사의 법리적인 문제를 책임지는 법무팀장이었기 때문에 매사에 정신을 붙들어 매고 현명하게 처신해야 했습니다. 그때 제가 믿을 것은 단 하나, 충직함의 태도였습니다. 그때로부터 시간이 많이 지나 이제는 계급장 없이 자연인으로서 강의와 저술을 하며 살고 있지만, 당시 함께 일했던 분들과 다시 만난다고 해도 저는 언제든 반갑게 환담을 할 수 있습니다.

　성심과 성의를 다하는 태도는 자칫 너무 당연한 말이 아닌가 싶기도 합니다. 하지만 모든 것은 기본에서 시작되는 법입니다.

높은 건물을 세우고자 한다면 기반이 더욱 단단해야 합니다. 그래야 흔들리지 않을 테니까요. 리더 역시 마찬가지입니다. 자신의 위치에 걸맞은 충직함을 보인다면, 리더로 일할 때뿐만 아니라 자리를 떠난 뒤에도 아름다운 사람으로 기억될 수 있습니다. 좋은 리더가 되는 길은 좋은 사람이 되는 길과 상통합니다. 첫 단추는 모든 일에 정성을 다하고 정직한 태도입니다.

사람과 일은
본래 하나다

일과 사람을 분리해서
생각할 수 없는 이유

리더는 일과 사람에 진심이어야 합니다. '일은 일이고, 사람은 사람'으로 분리해서 생각하면 성과도 딱 그만큼만 얻습니다. 업무 성과 따로, 사람 성과 따로 만들어지지요. 일과 사람을 양분해 생각하는 것은 주니어 시절일 때의 이야기입니다. 리더는 일과 사람을 한 몸으로 생각해야 합니다. 직관적으로 생각해도 그렇습니다. 일이 잘되게 하려면 인간관계가 좋아야 합니다. 인간관계를 중요시하는 사람치고 일을 소홀히 하는 사람은 별로 없습니다. 물론 사내정치를 한다든지 인맥 쌓기에만 목숨을 거는 사람들도 있습니다. 바람직하지 않은 모습이지요. 또 사람에게만 매달리다 보면 일을 그르치기 쉽습니다. 사회에서 만나는 사람들은 대개 일 때문에 인연을 맺는 경우가 태반입니다. 일을 소홀히 하면 자연히 그 일과 결부된 사람들과 멀어지거나 관계가 나빠집니다.

사회에서 알게 되는 사람과의 만남은 가족이나 친구 같은 사적인 관계와는 전혀 다릅니다. 모두 특정한 '용건'으로 시작되지요. 물론 용건이 처음부터 일이 되는 것은 아닙니다. 하지만 용건의 단계를 지나 본격적으로 업무가 되면 그때부터는 일과 사람이 합쳐집니다. 제 주위에도 취미 모임에서 만났다가 의기투합해 스타트업을 세운 후배들, 경영대학원 최고위과정에서 만나 각자 자신들이 운영하는 기업의 장점을 살려 협업을 모색한 CEO 등을 쉽게 찾아볼 수 있습니다. 여기서 중요한 것은 다양한 계기와 이유로 사람으로서 인연을 맺지만, 일이 개입되면 그때부터는 일과 사람을 분리해 생각하기가 어렵다는 점입니다. 그래서 현명한 리더는 일과 사람 모두에 치우침 없이 충직한 태도로 대합니다.

그런 맥락에서 저는 자기계발서들의 주제가 일이면 일, 인간관계면 인간관계, 이렇게 별도로 나눠 이야기하는 것이 맞지 않다고 봅니다. 저는 24년간 직장에서 조직 생활을 했고, 이후로 7년간은 1인 기업으로 일을 해왔습니다. 30년이 넘는 경험에 따르면 일과 사람은 별개의 문제가 아니었습니다. 함께 일하는 사람과 원만한 관계를 유지하고 합이 잘 맞으면 일도 잘 풀렸습니다. 반대로 잘될 것으로 예상한 일에 사람 변수가 생기면 이상하게 일이 꼬여서 결과가 좋지 않았습니다. 즉, 일은 사람이고, 사람은 일입니다. 적어도 일로 만난 사람들 사이에서는 확실히 그렇습니다. 별다른 목적 없이 사람을 만나도 대화를 하다 보면 없던 용건도 만들어집니다. 뜻이나 취향이 통한다는 생각이 들면 의기투합하고 싶은 마음이 들기 마련입니다. 그러니 사람을 만날 때는 언제나 그 사람과 나 사이에 새로운 용건이 생길 수도 있다는 마음가짐으로 대해야 합니다.

사람과 일,
2마리 토끼를 모두 잡으려면

월마트 창업자 샘 월턴Sam Walton은 사람과 일, 2마리 토끼를 모두 잡은 리더입니다. 그는 미국 아칸소주에서 조그만 상점을 운영할 때부터 사람에게 집중했습니다. 사람들이 어떤 물건을 사고 싶어 하는지, 가게를 어떻게 운영하면 사람들이 흥미를 느낄지 등을 궁리하면서 사람 그 자체에 집중했습니다. 월마트에는 "누가 최고입니까?"라고 물으면 "고객이요!"라고 답하는 구호가 있을 정도로 월턴은 고객 중심의 경영을 이끌어나갔습니다. 기존 업체들이 마진율을 관리할 때 월마트가 이윤을 거의 남기지 않으면서도 최저가와 고객 만족의 원칙을 이어나간 것이 성공의 핵심 요인입니다.

기업에 고객만큼이나 중요한 사람이 또 있습니다. 바로 직원들입니다. 월턴은 직원들을 소중히 여긴 리더였습니다. 일례로 그는 월마트 주식을 상장할 때 직원들에게 주식을 살 수 있게 해줬습니다. 직원들이 주주가 됨으로써 자신이 일하는 기업에 주인의식을 갖도록 한 것입니다. 그는 자신의 직원들을 월급을 주고 부리는 일꾼이 아닌, 사람으로 존중하며 차별 없이 진심으로 대한 리더였습니다. 덕분에 샘 월턴은 '헨리 포드 이후 20세기 최고의 기업가'로 불리며 월마트를 세계 500대 기업 중 매출 1위로 성장시켰습니다.

사람을 대하는 태도가 곧 일을 대하는 태도라는 사실은 동네의 작은 식당만 가도 경험적으로 알 수 있습니다. 음식을 주문했을 때 손님을 친절하게 응대하는 가게라면 음식에도 정성이 담겨 있어 맛있습니다. 택시를 탈 때도 그렇습니다. 손님이 불편하지 않도록 배려하는 기사님일수록 운전도 안전하고 편안하게 잘합니다. 물건을 살 생각 없이 가게에 들어갔다가도 가게 주인의 밝고 친절한 태도에 감동하면 뭐 하나라도 사 들고 나오는 것이 인지상정입니다. 사람을 잘 대하면 이처럼 일에서도 좋은 성과가 나기 마련입니다. 특히나 리더는 만나야 할 사람이 많습니다. 해야 할 일도 많습니다. 따라서 늘 '인업일체人業一體'라는 단어를 명심하며 일과 사람에 구분을 두지 않고 충직하게 대해야 합니다.

오래전 한 세미나에 참석했을 때의 일입니다. 참석자 중 한 분의 풍모가 범상치 않았는데, 알고 보니 대형 투자 기업의 대표였습니다. 스톤브릿지의 김지훈 대표였지요. 당시 기준으로 1조 원이 넘는 돈을 운용하는 회사의 리더였음에도 불구하고 무척 겸손하고 인간적인 면모가 가득해 배울 점이 많은 분이었지요. 그 인품에 감화되어서 지금이나 그때나 저는 그분과 일로는 아무런 용건이 없지만, 인간적인 교류를 길게 이어나갔습니다. 덕분에 일과 인생에 있어서 두루 유용한 조언들도 많이 구할 수 있었고, 좋은 분들도 제법 소개받았지요. 세월이 흘러 격조한 지

꽤 오래된 인연이 되었지만 지금도 그분은 일과 사람을 두루 한 결같이 대하는 뛰어난 리더로 기억됩니다.

결국 일은
사람이 하는 것

리더에게 요구되는 덕목 중 '공사를 잘 구분해야 한다'가 있습니다. 일견 맞는 말입니다. 하지만 사람과 일이 무 자르듯 그렇게 매끄럽게 나눠질 수 있는지 저는 의문입니다. 오히려 이 둘은 끈끈하게 얽혀 있을 때가 많습니다. 과거 저는 회사에서 큰 실수를 해 일을 망쳐 사장님에게 심하게 혼이 난 적이 있었습니다. 꽤 치명적인 실수였기에 다음 인사 고과에서 안 좋은 점수가 나올 것이 예상되는 상황이었지요. 막다른 길에 다다르니 머릿속으로는 현실을 회피하고 도망갈 궁리만 하게 되더군요. 정말 막막했습니다. 그때였습니다. 업무적으로 제가 저지른 실수에 대해 질책이 끝나자 사장님은 "그래. 사람이 일하다 보면 그럴 수도 있지. 이제 식사나 하러 가세"라고 말을 꺼내셨습니다. 순간, 모든 걸 내던지고 줄행랑치고 싶던 마음이 돌변했습니다. 이제 어떻게 문제를 수습하고 해결할지 고민하는 방향으로요.

사실 상황이 달라진 것은 아무것도 없었습니다. 달라진 점이 있다면 저를 대하는 사장님의 태도뿐이었지요. 리더가 인간적으로 품어줬다는 생각이 들자 다시 제대로 일해서 사태를 잘 마무리하고 싶다는 마음이 솟아올랐습니다. 좋은 리더는 결국 일은 사람이 한다는 사실을 잊지 않습니다. 좋은 리더가 되고 싶다면 일과 사람을 구분하여 대할 것이 아니라 양쪽 모두를 충실하고 정직하게 진심으로 대하세요.

휴넷 조영탁 대표님이 한 강연에서 이런 질문을 했습니다. "일은 잘하는데 게으른 직원과 부지런한데 일을 못하는 직원 중 누구를 뽑아야 할까요?" 정답은 "둘 다 뽑으시면 안 됩니다"였습니다. 사람의 태도는 일의 성과만큼 중요하다는 의미에서 한 말씀이었지요. 탁월한 식견이었습니다. 사람을 대하는 태도와 일을 대하는 태도란 근본적으로 다른 것이 아닙니다. 리더십도 마찬가지입니다. 미국의 유명한 자기계발 명사 중 한 명인 짐 론Jim Rohn은 리더의 자질을 이렇게 요약했습니다.

'리더가 되려면 강해지되 무례하지 않아야 하고, 친절하되 약하지 않아야 하며, 담대하되 남을 괴롭게 하지 않아야 하고, 유머를 갖되 어리석지 않아야 한다.'

리더의 역할과 인격이 복합적으로 조화를 이뤄야 함을 강조하는 문장입니다.

모든 일의 끝과 시작엔 사람이 존재한다

저는 조직 생활을 하며 전략 기획, 마케팅, 대관對官, 법무 등의 일을 담당했습니다. 그 가운데 가장 어려운 것은 마케팅과 대관 업무였습니다. 전략 기획은 내부적으로 전략을 짜고 이를 기획하면 되는 일이었고, 법무는 정해진 법적 절차에 따라 실행하고 확인하면 마무리할 수 있었습니다. 외부 변수가 많지 않았지요. 그런데 마케팅과 대관 업무는 달랐습니다. 이 두 업무는 업무 대상이 회사 바깥에 있는 대인代人 업무가 일의 핵심이었습니다. 마케팅과 대관 업무를 하며 저는 중요한 사실을 깨우쳤습니다. 사람을 잘 파악하고, 사람과 잘 지내고, 사람과 잘 협조가 되면 성과가 배로 좋아지고, 그 반대의 경우에는 성과가 기대한 것의 절반에 머물거나 심각할 경우 아무런 결실도 얻지 못한다는 사실입니다.

저는 미국에서 MBA를 공부하며 마케팅을 전공한 후 한국으로 돌아와 두산그룹 주류 계열사에서 마케팅 담당 과장으로 근무했습니다. 그때는 주류 시장이 지금처럼 세분되어 있지 않았을 때라 술맛이나 도수 등 제품 각각의 특성을 중심으로 한 마케팅보다는 기업의 대표적인 주류 브랜드를 중심으로 벌이는 대대적인 마케팅과 영업이 판매를 좌우하던 시절이었습니다. 그래서 당시 제 머릿속은 주류 소비자의 행동, 구매 패턴, 각 주류 브랜드에 대한 소비자들의 선호도 등 온통 '사람' 생각으로 가득했습니다. 사람을 이해하지 못하면 일에서 좋은 성과를 올릴 수 없었지요.

대관 업무 역시 사람이 일의 시작과 끝이었습니다. 각종 인·허가와 규제가 적지 않은 한국의 경영 환경 속에서 대기업과 관공서의 협업은 필수 불가결합니다. 대관 업무의 부작용이 지적되지만, 매출이 20조 원이 넘는 큰 기업이라면 피하기 어려운 일이지요. 대관 업무는 정부 정책이나 법률 등과 연계되는 지점이 많은데, 막상 법을 아는 대관 인력이 흔치 않다 보니 그쪽에 전문성이 있었던 저는 이 업무를 꽤 오랫동안 했습니다. 그런데 대관 업무를 하면서 담당자가 자신의 행정재량권을 어떻게 쓰느냐에 따라 일의 진행이 크게 달라짐을 느꼈습니다. 쉽게 말해 담당자의 직권이나 판단이 많이 작용하므로 사람과 관계를 잘 유지해나가며 생각을 조율해나가야 했지요. 공무원으로서의 그들의 자부심을 지켜주면서 효율적으로 일할 방법을 늘 모색해야 했습니다.

　미국의 대기업 제너럴일렉트릭GE의 전 회장 잭 웰치Jack Welch는 '식스 시그마Six Sigma'라는 효율적인 경영 혁신 도구를 도입한 것으로 유명합니다. 식스 시그마는 100만 개의 제품 중 단 3~4개의 불량만을 허용한 품질 혁신 기법으로 모든 업무 과정을 표준화하여 완벽에 가까운 제품이나 서비스를 개발하고 제공하기 위한 경영 기업 혹은 경영 철학을 통칭합니다. 그런데 식스 시그마의 창시자인 웰치조차 법무를 비롯한 일부 업무 영역에서는 식스 시그마를 포기했다고 합니다. 가령, 재판 절차의 경우는 표준화가 어렵습니다. 판사가 임의로 정할 수 있는 부분이기 때문이지요. 즉, 사람이 개입되어 재량을 펼칠 여지가 있는 분야에는 식스 시그마라는 기법을 적용하기가 어려웠던 것입니다.

　리더의 태도는 그 사람에 대한 인식으로 이어지고, 이는 일에서 특정한 결과를 만들어냅니다. 대관 업무를 할 당시 저는 과천에서 부르건 그렇지 않건 늘 정부청사 매점으로 출근해서 항시 대기 상태를 유지했습니다. 만일 연락이 오면 곧바로 가서 설명과 보고를 할 수 있도록 한 것이지요. 그런데 그 모습이 담당자에게 자기 일에 성의가 있고 충실한 태도로 보였는지, 이후에는 일을 풀어나가기가 한결 수월해졌음을 느낄 수 있었습니다. 저라는 '사람'에 대한 좋은 인식이 '일'에서의 좋은 결과로 이어진 셈이지요. '진인사대천명盡人事待天命'이라는 말이 있습니다. 사람으로서 할 일을 모두 하고 하늘의 뜻을 기다린다는 뜻입니다. 이는 과정이 결과를 만든다는 말과도 같습니다. 제 경험을 되돌아보면 일하는 과정에서 어떤 태도를 보였고, 어떤 행동을 했느냐가 늘 결과에 큰 영향을 미쳤습니다. 그리고 그 가운데에는 늘 사람과 일이 함께했습니다.

집중력은 리더의
초격차를 만드는 힘이다

리더, 조직에서 일을
제일 많이 해야 하는 존재

리더가 되면 흔히 겪는 착각이 있습니다. 바로 리더만의 일이 따로 있다는 생각입니다. '나는 이제 관리자가 되었으니 실무는 안 해도 돼. 직원들에게 동기 부여, 관리 감독만 하면 되겠군.' 하지만 이는 틀린 생각입니다. 리더가 되면 일을 더 해야 합니다. 높은 자리에 올라간 만큼 왕관의 무게를 견뎌야 하지요. 하다못해 저처럼 규모가 작은 1인 기업의 대표도 리더로서 챙겨야 할 일이 많습니다. 강의, 책, 유튜브 방송 등이 모두 '문성후'라는 제

이름과 제 회사의 이름을 걸고 나가기 때문에 매번 신중할 수밖에 없습니다. 사람들이 리더에 대해 잘못 이해하는 바가 하나 있습니다. 리더Leader는 이끄는 사람이니, 팔로워Follower 또는 팀원이 있어야만 한다는 생각입니다. 이는 틀렸습니다. 리더는 하나의 역할입니다. 따라서 팀원이 없어도 하나의 조직을 이끌어나가는 역할을 수행 중이라면 그 사람은 리더입니다.

일반적으로 리더는 팀원보다 돈을 더 많이 법니다. 스타트업을 예로 들어볼까요? 스타트업 대표들을 보면 초기에 참 고생을 많이 합니다. 하지만 그렇게 열심히 일한 과실의 많은 부분이 결과적으로 대표들에게 돌아갑니다. 지금 당장은 돈을 많이 벌지 못한다고 해도 이후에 얻을 수 있는 결실을 생각하면 창업자이자 리더로서 더 열심히, 더 많이 일하는 것이 당연합니다. '리더가 리더답지 못하다'라는 말의 속뜻은 '리더가 해야 할 일을 못한다'는 의미지, '리더가 리더답지 않게 사사롭게 하나부터 열까지 다 챙겨가며 일을 한다'는 의미가 아닙니다. 제가 본 어설픈 리더들은 종종 이렇게 말합니다. "내가 말이야, 이제는 내가 직접 일하지 않고도 돈을 벌 수 있게 시스템을 구축했다, 이 말이야." 하지만 빌 게이츠Bill Gates처럼 후계자에게 회사를 물려주고 기부 활동에 전념하는 정도가 아니고서야 이 말은 어불성설입니다. 시스템을 굴러가게 만드는 일조차도 리더가 해야 하는 일에 포함됩니다. 즉, 리더는 일을 '많이' 해야 하는 존재입니다.

그렇다면 리더는 왜 일을 많이 해야 할까요? 리더가 되면 갑자기 달라지는 것들이 있습니다. 우선 저처럼 조그마한 1인 기업 하나를 시작해도 '대표님'이라는 호칭을 듣습니다. 기업에서도 마찬가지입니다. 리더로 승진을 하면 가장 먼저 느끼는 차이가 호칭입니다. 그리고 그 호칭에 걸맞게 업무가 바뀝니다. 이런 변화들이 주는 부담감이 적지 않습니다. 자릿값, 월급값도 해야 하고, 나를 믿고 리더라는 자리를 맡긴 사람들의 기대에도 부응해야 하기 때문입니다. 하지만 그 자리에 이르기까지 그 누구도 리더십이 무엇인지, 리더라면 어떻게 행동해야 하는지에 대해서 배운 바가 없습니다. 모르면 배워야 합니다. 이것이 리더가 해야 할 일이 많은 이유 중 하나입니다.

리더에게 가장 필요한 소프트 스킬, '집중력'

대학마다 리더들을 위한 최고위과정을 마련하고, 각종 CEO 포럼이 열리고, 스타트업 밋업Meet Up이 있는 이유도 리더들끼리 혼자서는 답을 찾기 어려운 리더십에 대한 질문들에 답을 구하고 싶기 때문입니다. 이때 던지는 질문들이란 "어떻게 하면 생산성을 높여서 더 많은 수익을 낼 수 있을까?", "어떻게 하면 부하 직원들을 잘 통솔할 수 있을까?", "어떤 사람들과 만나 네트워킹을 해야 사업에 도움이 될까?" 등일 테지요. 리더는 끊임없이 공부하고 배워서 영업력, 기획력, 관계력 등의 소프트 스킬을 마스터해야 합니다. 특히 저는 리더가 구사해야 하는 다양한 힘과 기술 중 딱 하나의 소프트 스킬을 꼽으라면 '집중력'을 꼽고 싶습니다.

리더에게는 눈으로도 촛불을 끌 수 있을 만큼의 강한 열망과 몰아치는 힘이 있어야 합니다. 제가 고등학교 시절, 서울대를 졸업한 독일어 선생님은 이렇게 말씀하셨습니다. "공부를 잘하고 싶다면 집중하는 훈련을 해라. 하다못해 책상 앞에 앉아서 만화책이라도 읽으면서 집중해라." 집중력이 중요한 이유는 일의 질을 담보하는 힘이기 때문입니다. 즉, 일을 끝까지 잘 마무리하기 위해 끝까지 손에서 놓지 않는 힘이지요. 저는 2016년부터 8년 동안 총 7권의 책을 집필했습니다. 책을 출간하지 않은 해에는 박사 논문을 썼습니다. 1년에 하나씩 굵직한 분량의 글을 완성한 셈이지요. 글은 머리가 아닌 엉덩이로 쓴다는 말이 있는데, 말

그대로 꼬리뼈가 아플 정도로 집중해서 몰입하여 글을 쓰다 보니 그것이 저에게는 커다란 경쟁력이 되었습니다. 덕분에 저는 제 분야에서 리더로 자리매김을 할 수 있었습니다.

제가 집중력을 강조하는 이유는 딱 하나입니다. 사람들은 어떤 일에 집중하게 되면 그간에 들인 에너지가 아까워서라도 일을 잘 완수해내고 싶어 합니다. 저는 어린 시절 취미로 프라모델을 만들곤 했는데, 작디작은 피규어 병사의 손에 그보다 더 작은 총 하나를 붙이기 위해 땀을 뻘뻘 흘리며 애를 썼던 기억이 납니다. 집중하면 에너지가 모이고 그 에너지는 온통 완성을 향해 쓰입니다. 그 상태에서 나에게 맡겨진 과제를 대충 하는 일은 절대 일어나지 않습니다. 집중력이 높은 리더는 자신이 할 일을 더 잘, 더 많이 해낼 수 있습니다.

집중력을 잃는 순간, 일에 거짓말하게 된다

제가 강연에서 '일에 거짓말하지 마라'라는 메시지를 던지면 청중들은 흔히 듣던 말은 아니지만 대부분 의미는 알아듣습니다. 그 속뜻은 꾸준함, 성실함, 한결같음을 유지하라는 말입니다.

조직에서 최고의 자리까지 올라간 분들의 경영 스타일은 제각 각입니다. 하지만 공통된 하나의 특징이 있습니다. 일과 시간에 는 절대 다른 행동은 하지 않고 늘 일을 하고 있었다는 점입니 다. 아침 이른 시간에 열리는 조찬 자리에서도 이분들은 수시로 보고를 받고 판단을 내립니다. 저는 그러한 꾸준함이 바닥이 나서 CEO는 되지 못하고 상무까지만 된 것은 아닌가 하는 생각도 합니다. (제겐 상무라는 자리도 과분했지만, 한결같음을 유지했다면 과연 그 끝이 어땠을까 하는 의문이 들기도 합니다.)

사회인으로서 사회에서 제 몫을 하기 위해서는 지루하게 반복되는 일상을 꾸준하고 성실히 해나가야 합니다. 매일 보는 사람을 또 보고, 매일 하는 일을 또 해야 하지요. 그런데 이런 단조로운 일상은 사람을 지루하고 지겹게 만듭니다. 그러다 보니 평범한 사람들은 적당히 타협점을 찾습니다. 겉으로만 일하는 척을 하는 것입니다. 겉으로는 신중하게 일하는 모습을 취하면서도 정신적으로는 해이해지고 집중력을 잃어버려서 느슨하게 일을 하는 것이지요. 이것이 바로 일에 거짓말하게 되는 것입니다.

특히나 대충 해도 티가 나지 않거나 티가 나더라도 시간이 아주 오래 지난 뒤에 나는 일들은 그러기가 쉽습니다. 여기에 같이 일하는 사람이 마음에 들지 않아 골탕을 먹이고 싶다거나 같이 일하는 사람이 싫어지면 정말 일을 대충 하게 됩니다. 하지만 일도 살아 있는 생물과 같습니다. 내가 어떻게 대하느냐에 따라 일도 나에게 똑같이 반응합니다. 내가 성의를 다하면 일도 나에게 좋은 결과를 가져다줍니다. 반대로 내가 일을 소홀히 대하면 일도 반드시 그 대가를 치르게 합니다.

신뢰를 절대
도둑맞지 마라

사회생활을 하다 보면 불가피한
배신의 쓰라림

사업을 하든 회사에 다니든 사회생활을 하다 보면 배신을 당하기도 하고, 내가 상대방을 배신하는 상황에 빠지기도 합니다. 배신背信은 믿음을 등 뒤에 둔다는 의미로, 믿음이나 의리를 저버리는 행위를 가리킵니다. 배신의 이유는 다양합니다. 자신의 안위를 도모하기 위해서 또는 경제적으로 이득을 취하기 위해서 등입니다. '열 길 물속은 알아도 한 길 사람 속은 모른다'는 속담이 괜히 있는 것이 아니겠지요. 제가 아는 한 식당 사장님은 자기 밑에서 일하던 요리사가 퇴사하고 자신의 식당 바로 앞에 식당을 차려서 고객들을 빼앗아갔다고 울상을 지었습니다. 결국에는 그 모습을 보기가 하도 싫어서 본인이 식당 자리를 옮겼다고 하더군요.

리더만 배신을 당하는 것은 아니지만 리더는 사람을 부리는 자리이다 보니 앞선 식당 사장님의 사례처럼 예상치 못한 배신의 화살을 맞을 일이 적지 않습니다. 그렇다 보니 리더들은 사람을 어디까지 믿어야 할지, 어디까지 잘해줘야 할지 모르겠다는 하소연을 정말 많이 합니다. 단순히 신의를 저버린 정도가 아니라 사기를 당해 경제적으로 큰 손해까지 입는다면 마음의 상처는 더욱 깊어집니다. 리더의 자리에 오래 있다 보면 사람에 대한 의심이 커지기 쉬운 이유입니다. 한 회장님의 일화입니다. 임원이 퇴임 인사를 하며 그동안 자신에게 중요한 일을 많이 맡겨줘서 고맙다는 인사를 하자 그 임원이 방을 나간 뒤 아랫사람에게 연락하여 그동안 그 임원이 한 일을 낱낱이 보고하라고 했다고 합니다. 얼마나 중요한 일을 했는지, 그 일이 혹시라도 회사나 회장 당신에게 해를 끼치지는 않을지 사후 점검을 한 것이지요.

저는 기업에서 법무팀장으로 오랫동안 일했습니다. 기업에서 오래 일을 하다 보면 배신하는 사람들의 면모를 많이 발견합니다. 가령 오래전 퇴임한 임원이 갑자기 지난 일을 언급하면서 회사에 금전적인 요구를 한달지, 어제까지 동료였던 직원이 회사 기밀을 유출해 경쟁사에 거액을 받고 판매한달지 하는 상황들이지요. 최근 들어 어떤 이유에서인지 기업 내 횡령 사건이 부쩍 늘어나는 추세인데요. 차명으로 회사를 차린다거나 자신에게는 없는 권한인 전결권을 행사하며 일감 몰아주기를 해서 윗사람 몰래 뒷돈을 받고 착복하는 경우는 다반사입니다. 협력 업체로부터 리베이트를 받는 것이 관행으로 굳어진 일도 있지요. 윌리엄 셰익스피어William Shakespeare의 희곡 〈줄리어스 시저의 비극〉 속 명대사 "브루투스, 너마저?"라는 말이 현실에서 비일비재하게 벌어집니다. 그래서 기업의 오너들이 그렇게 사람을 불신하는 모양입니다.

배신의 2가지 얼굴,
배신하거나 배신당하거나

저도 사람에게 크게 속은 경험이 적지 않습니다. 배신을 당하게 되면 정신적·경제적 손실도 크지만, 그보다 더 힘든 것은 배신의 충격으로 인해서 그때까지 잘 유지해오던 생활의 리듬이 모두 깨진다는 것입니다. 미래의 계획이 수포가 되기도 하고, 심지어 하던 일을 접거나 다니던 직장을 퇴사할까 하는 생각도 듭니다. 인생 전반에 회의감이 가득 차는 것입니다. 돈이야 엄청나게 큰 액수가 아니면 다시 벌면서 복구할 수 있지만, 사람에게 다친 마음은 쉽사리 회복되지 않습니다. 특정 유형의 인간에게 경계심도 생기고, 스스로 호구가 아니었다는 점을 합리화하기 위해 무수히 많은 자기변명을 하기도 합니다.

그렇다고 해서 리더의 자리에 있으면서 사람을 안 보고 일할 수는 없습니다. 간혹 조직과 사람에게 회의를 느껴 프리랜서 혹은 1인 기업가를 택하는 분들도 있는데, 프리랜서는 결코 프리하지 않습니다. 시간 운용에서뿐만 아니라 사람으로부터도 프리하지 않지요. 회사 밖에는 회사에서보다 훨씬 더 많은 갑들이 존재합니다. 심지어 그 갑들의 요구 사항이나 요구하는 스타일이 모두 다르기에 프리랜서는 엄청난 '프리 사이즈 리더십'을 발휘해야 합니다. 제가 경험한 바에 따르면 직장을 다닐 때와 1인 기업가로 살 때를 비교했을 때 가장 큰 차이는 저녁 식사 후에도 컴퓨터를 끄지 못한다는 점입니다. 종업원이 1명(저 자신)밖에 없어 그 종업원이 늘 일을 해야 하기 때문입니다. 파트너나

고객사들의 요구에 따라 끊임없이 일해야 제가 운영하는 1인 기업이 돌아가니까요. 인간관계가 싫어서 회사 바깥으로 도망친다 한들 돈을 벌고 생계를 이어가고자 한다면 결국 사람을 외면할 수 없습니다. 돈은 사람에게서 나오는 법이니까요.

그렇다면 리더는 늘 배신만 당하는 것일까요? 아닙니다. 반대로 리더가 배신하는 경우도 있습니다. 회사에서 구조 조정을 단행할 때를 떠올려봅시다. 이를 두고 리더들은 고용 유연성이라고 말하지만, 구조 조정을 당하는 직원으로서는 회사가 열심히 일한 자신을 배신했다고 여길 수도 있습니다. 저도 OB맥주(두산그룹 주류 계열사)에서 일할 때 아무것도 모르고 출근한 날 "You have to be resigned(당신은 사직해야 합니다)"라고 단박에 해고된 적이 있으니까요. 대외적으로 다른 회사를 인수하겠다고 공언했다가 이후 내부 검토 끝에 사업성이 떨어져서 인수를 포기하겠다고 발표를 하는 경우도 리더의 배신 행위라고 할 수 있습니다. 그 소식을 믿고 그 회사의 주식을 샀던 주주들의 기대를 무너뜨린 행위입니다. 2세에게 경영권을 승계하지 않겠다고 했다가 결국은 2세 승계를 하며 건전한 기업 지배 구조를 기대했던 시장의 신뢰를 배신하는 경우도 적지 않습니다.

신뢰는 리더를 지탱하는
커다란 힘이다

배신이라는 말은 참 주관적입니다. 누군가는 배신이라고 하지만, 누군가는 불가피한 선택이라고 할 수 있으니까요. 또 서로가 배신의 피해자라고 주장하기도 합니다. 이렇게 배신을 둘러싼 견해 차이는 늘 분명하지 않지만, 리더라면 이 말만큼은 절대 들어서는 안 됩니다. "저 사람은 정말 못 믿을 사람이야." 리더가 들을 수 있는 최고의 평판 중 하나는 사람을 끝까지 믿어주고, 자신이 손해를 보게 된다고 할지라도 그것을 감수하고 포용해주는 인물이라는 평가입니다. 삼성그룹 고 이건희 회장님은 생전에 이렇게 이야기했다고 합니다. "한번 맡겼으면 끝까지 믿고, 믿지 못할 사람에게는 처음부터 일을 맡기지 마라." 아랫사람을 신뢰하는 리더만이 아랫사람들로부터 신뢰를 받습니다.

이어서 리더가 신뢰를 잃지 않기 위해 해야 할 행동들에 대해 구체적으로 이야기해보겠습니다. 우선 리더는 타인의 기분과 감정을 잘 헤아려야 합니다. 누군가 약속을 깨거나 말이나 행동을 바꾸면 그로 인해 피해를 보는 사람이 생기기 마련입니다. 물론 최선은 그런 상황이 벌어지지 않게 만드는 것일 테지요. 하지만 그런 상황이 불가피하다면 그로 인해 손해를 보게 된 사람이 억울하거나 섭섭하거나 화가 나지 않도록 당사자의 기분과 감정을 생각해야 합니다. 즉, 리더로서 자신이 한 말이나 행동이 상대에게 모순이나 기만으로 보이지 않도록 온 마음을 다해 사과하고 진심을 성의 있게 전달해야 합니다. 혹시라도 내가 어긴 약속 때문에 상대가 다른 이들로부터 망신을 당하고 있다면 엄호하고 변호해주는 것도 리더의 몫입니다.

　그다음으로 챙길 것은 금전적인 보상입니다. 저는 실용주의자입니다. 미국에서 몇 년간 공부하며 경영학과 법을 공부해서인지 저는 자본주의가 여전히 세계를 지배하는 철학이라고 생각합니다. 약속을 어기거나 말과 행동을 바꿔 상대에게 손해를 끼쳤을 때 미안함을 표현할 수 있는 수단으로써 금전적인 보상을 언급하는 이유도 그와 같은 맥락입니다. 금전적인 보상에 들이는 돈이 아깝다고요? 그것은 신뢰와 신용을 잃어보지 않고는 할 수 없는 생각입니다. 돈을 들여서라도 신뢰와 신용을 잃는 일은 방지해야 합니다. 리더는 제힘으로 다른 사람을 밟고 그 자리에 서 있는 것이 아닙니다. 다른 사람들이 기꺼이 받쳐준 덕분에 그 힘으로 조금 더 높이 설 수 있는 것입니다. 다른 사람들이 받쳐줌을 멈춘다면, 혹은 끌어내린다면 언제든 다른 사람들과 똑

같은 위치나 그보다 더 아래에 서게 될 수도 있습니다. 이때 다른 사람들이 리더를 들어 올려주는 힘은 신뢰와 신용입니다. 사업이 부도 위기에 내몰렸을 때, 그동안 쌓은 믿음 덕분에 직원들이 한마음 한뜻으로 움직여줘서 다시 일어선 분들의 사례가 그렇습니다.

배신의 아픔을 겪은
리더를 위한 따뜻한 조언

배신이 난무하는 현실에서 리더는 어떤 마음가짐으로 일해야 할까요? 저는 그 마음가짐의 표본을 미국의 유명 뉴스 진행자인 월터 크롱카이트Walter Cronkite로부터 배웠습니다. 세계적인 신뢰 전문가이자 옥스퍼드대학교 교수인 레이첼 보츠먼Rachel Botsman은 자신의 저서 《신뢰 이동》에서 그의 매력을 분석했는데, 1962년부터 1981년까지 CBS 뉴스의 메인 앵커였던 그는 1972년 전국 신뢰 지수 조사에서 73%로 1위를 차지할 만큼 미국 내에서 가장 신뢰받는 인사였다고 합니다. 크롱카이트는 매일 밤 미국 국민들에게 뉴스를 전하고 마무리를 지으면서 늘 이렇게 이야기했습니다. "세상이 원래 이렇습니다That's the way it is." 저는 크롱카이트의 이 말이 배신의 상황에서 리더가 되새겨야 하는 지혜라고 생각합니다.

그리고 리더는 누군가에게 배신을 당했을 때 '절제의 마음'을 가져야 합니다. 리더도 인간이기에 배신을 당하면 화도 나고 모든 것을 뒤엎고 싶어질 수 있습니다. 하지만 리더는 결코 혼자가 아닙니다. 리더가 등에 지고 있는 배낭에는 참 많은 사람들과의 관계가 담겨 있습니다. 직원과의 관계, 고객과의 관계, 협력사와의 관계, 또는 자기보다 더 위에 있는 상사와의 관계…… 그래서 리더는 다른 사람의 눈에 자신이 어떻게 비춰지는지를 의식해야 합니다. 리더가 받는 돈에는 다른 사람에게 노출되어 사는 대가도 포함되어 있습니다. 만일 리더가 배신을 당한 상황에서 감정을 앞세워 대응한다고 칩시다. 그러면 팀원들은 심리적 안정감이 떨어져서 위축될 테고 이성적인 대응을 하지 못해 호미로 막을 일을 삽으로 막아야 하는 상황이 닥칠 수도 있습니다. 따라서 리더는 배신을 당한 상황에서 우선 감정적으로 차분해져야 합니다.

그다음에는 그 상황을 면밀하게 분석해야 합니다. 나의 부주의로 신뢰를 도둑맞은 것인가? 상대가 무도하게 나의 신뢰를 훔쳐 간 것인가? 전자라면 즉, 내가 상대에게 배신의 빌미를 줬다면 그 행동을 되돌아볼 일입니다. 반대로 내가 문단속을 철저히 했지만, 도둑이 문을 부수고 무단 침입해서 내 것을 가지고 나가는 일도 있습니다. 이런 악의적인 경우는 더 신중하게 접근해야 합니다. 법적으로 대응하는 등 가능한 모든 수단을 동원해 상대의 도둑질로 잃어버린 신용을 회복하고 금전적인 피해가 있다면 그것도 되찾아야 합니다. 그러고 나서 업계에 자신이 당한 일을 널리 알리는 행동도 필요합니다. 제2, 제3의 피해자를 막기 위함이기도 하지만, 리더의 역할에 충실하기 위함이기도 합니다. 잘못된 상황을 바로잡지 않고 대충 넘어가는 것도 일에 충직하지 못한 것이니까요.

第二章

自尊

자존

: 내가 잘하는 것이
무엇인지 아는 태도

메타 인지가 뛰어난
리더가 일도 잘한다

'자존'에 대한
새로운 정의

리더로 활약하려면 약간의 과대망상을 지녀야 한다고들 이야기합니다. '나 아니면 할 수 없어', '내가 나서야 일이 되지', '난 이 일을 하기 위해 선택된 존재야' 등 리더의 과도한 자신감은 때때로 스스로를 존경하는 '자경自敬'에 가깝기도 합니다. 그런데 리더가 자기 일을 제대로 해내려면 이렇게 자신을 존중하기 이전에 자신을 제대로 인식해야 합니다. 저는 2019년에 출간한 《직장인의 바른 습관》이라는 책에서 자존自尊에 대해 이렇게 설명했습니다.

> "한때 자존감이라는 단어가 주목을 받은 적이 있습니다. 자존감
> 은 영어로 'Self-Esteem'인데, 'Esteem'은 '평가하다'라는 의미
> 의 단어 'Estimate'에서 만들어졌습니다. 즉, 나를 평가하는 것이
> 자존감의 중요한 함의라고 할 수 있죠. 자신을 존중하는 것도 중
> 요하지만 더 중요한 것은 자기 자신을 얼마나 잘 알고 정확히 평
> 가하느냐 하는 문제입니다."

즉, 자존을 '스스로를 존중하는 마음'이라기보다는 '스스로를
인지하는 태도'라고 생각했습니다. 그러한 관점은 지금도 유효
합니다.

여러분은 자기 자신에 대해서 얼마나 잘 알고 있나요? 스스로
에 대해 얼마나 잘 알고 있는지는 차치하더라도 자기 자신을 잘
알고자 하는 열망이 그 어느 때보다 크다는 사실은 쉽게 짐작할
수 있습니다. 우선 여러 기관에서 하는 강의 제목을 살펴보면 이
런 구절들이 자주 보입니다. '나를 찾아 떠나는 여행', '자기 탐
방' 같은 것들이지요. 그뿐인가요? 최근 성격 유형 검사인 MBTI
가 유행하는 것도 자기 자신을 16가지 유형 중 하나로 설명함으

로써 자신을 명확하게 정의하고자 하는 젊은 세대의 특성이 반영된 결과입니다. 테스트 결과, E/I, S/N, F/T, J/P 중 영어 스펠링 4개를 부여받으면 그것이 나를 설명해주는 전부인 양 나를 끼워 맞춰 설명합니다. 하지만 인간은 굉장히 입체적인 존재입니다. 16가지 유형 중 하나로 자신을 전부 설명하기란 불가능합니다. 우리는 우리 자신을 알기 위해 더 깊이 자신을 탐색해야 합니다.

수많은 리더십 교과서들은 리더가 팔로워나 팀원들을 잘 파악해 그들의 성향을 업무에 적절히 활용해야 한다고 조언합니다. 그러기 위해서는 리더가 우선 본인부터 잘 알아야 합니다. 그러나 사람을 부리는 자리에 올라가게 되면 다른 사람들에게 당신이 어떤 사람인지 물어볼 일은 늘어나지만, 정작 내가 누군지 남에게 설명할 기회가 줄어듭니다. 자기를 성찰할 기회도 더불어 줄어들지요. 제 경우에는 저를 이렇게 설명합니다. '저는 다른 사람에게 암묵지를 공유하며 보람을 느끼는 지식인입니다. 그리 사회적이지는 못하지만, 직장생활 24년, 1인 기업 운영을 7년 동안 하면서 축적한 지식을 많은 사람들에게 쉽게 전달하려고 노력하고 있습니다. 저는 그런 사람입니다.' 이렇게 객관적으로 자신을 설명하면 나의 위치를 재점검하면서 나의 일을 되돌아보게 됩니다.

리더가 스스로를 잘 알아야 하는 또 다른 이유는 리더는 궁극적으로 성과를 이뤄야 하는 존재이기 때문입니다. 리더는 그 자리에 오르기까지 수많은 경험을 해왔을 것입니다. 다른 사람들과 협업해본 경험, 과제를 수행해내기 위해 정신력을 쏟아부었던 경험에서부터 문제가 생겼을 때 맥없이 무너지면서 무기력하게 물러나야 했던 부정적인 경험 등 자신만이 기억하는 자신의 모습이 리더의 내면에는 존재합니다. 리더의 자기 인지는 그간의 경험 속에 많이 녹아 있기 마련입니다. 장단점이 고스란히 반영된 그 경험들을 되돌아보고 배우는, '경험 학습'의 과정이 리더에게는 꼭 필요합니다. 지난 경험을 반추하며 자신의 역량을 되돌아보고 다가올 과제들에서 성과를 올릴 방안을 강구해야 합니다.

상사에게 호되게
질책당한 이유

30년이 넘는 사회생활을 한 제게는 '경험 학습'을 통해 축적된 스스로에 대한 인지 데이터가 상당합니다. 그중 사회적 지능이 높지 않았던 시절의 이야기를 하나 말씀드리겠습니다. 제가 임원일 때 조직에 새로운 부사장님이 부임했습니다. 저는 그분의 업무 스타일도 몰랐을뿐더러 그분이 특별히 저를 찾지도 않았기에 굳이 인사를 드리러 가지 않았지요. '일이 있어서 부르시면 그때 뵙지' 하는 생각을 하고는 그냥저냥 부르시기만을 기다렸습니다. 그러다가 결재를 받을 일이 있어 처음으로 찾아뵈었는데 부사장님이 제게 일에 대한 열정과 의욕이 부족해 보인다고 한마디를 던지시더군요. 그전까지 한 번도 같이 일을 해본 적이 없는데, 그렇게 뜬금없이 비난을 들으니 기분이 좋지 않았습니다. 훗날 돌이켜보니 그것은 능력이나 성과에 대한 질책이 아니었습니다. 태도에 대한 질책이었습니다. 새로 윗사람이 들어왔으면 일이 없어도 인사도 오고, 관리자급으로서 현재 조직의 상황과 향후 업무 계획을 알아서 브리핑했어야 한다는 의미였지요. 저를 제외한 다른 임원들은 모두 그렇게 했는데, 저만 멍하니 책상에 앉아 있었으니 한 소리를 들을 만도 했지요.

리더가 해야 하는 일 중 피할 수 없는 대표적인 것이 대면 활동입니다. 리더가 대면을 힘들어해서 숨기 시작하면 당연히 일은 진행되지 않습니다. 조직원들을 피하고, 거래처를 피하고, 고객도 피하면 결국 서로 안 보는 사이가 되어버립니다. 사람을 곁에 두고 협업해야 하는 위치의 인물이 사람을 만나지 않는데 어떤 일이 성사되겠습니까? 당시 저는 부사장님의 질책을 듣고 처음에는 기분이 나빴습니다. 그런데 거기에서 멈추면 정말 사회 지능이 제로였을 것입니다. 저는 역발상을 했습니다. 그 후로 부사장님을 더욱 자주 찾아뵈었지요. 작은 일도 보고하러 갔고, 일이 없어도 티타임을 청해 찾아갔고, 보고서도 주기적으로 만들어서 대면 보고를 했습니다. 나중에는 부사장님이 "이런 보고는 그냥 문서로 해서 비서에게 전달하게"라고 할 정도였습니다. 제가 직장생활을 하면서 유능함을 발휘했던 분야는 보고서를 작성해서 보고하는 일이었습니다. 부사장님으로부터 비난을 들은 후 저는 잘하는 능력을 활용해 제 그릇의 크기를 조금이라도 더 키우기 위해 노력했습니다. 앞에서 자존을 '스스로를 인지하는 태도'라고 말했습니다. 나를 알았다면 거기에서 멈추지 말고 앞으로 나아가고 자신의 능력을 확장해야 합니다. 그리고 역량 확장의 도구로써 자신의 강점을 활용해야 합니다.

이때의 일을 계기로 저는 제가 사회 지능이 다소 부족한 사람임을 자각하고 이후 일을 진행할 때 이 부분을 특별히 신경 쓰게 되었습니다. 나아가 저의 이런 태도로 인해 아랫사람들이 피해를 보지는 않을지도 한 번 더 고민하게 되었습니다. 한편으로는 제가 가진 리더로서 자질의 한계도 느꼈습니다. 자기를 잘 알아야 앞으로 어떻게 일을 해나가야 할지 가늠이 되고 견적이 나옵니다. 내 그릇의 크기를 알아야 그 안에 사람들을 어떻게 담아야 할지 묘책을 강구합니다. 흔히 리더십이 있다 혹은 없다고 평가하는 말은 2가지 맥락에서 사용됩니다. 하나는 모든 상황을 통제하거나 조화시키거나 해서 결과(성과)를 조절할 수 있는지를 이야기할 때입니다. 또 하나는 위기 상황에서 얼마나 부드럽고 유연하게 손실을 피하거나 최소화할 수 있는지를 이야기할 때입니다. 앞선 제 경험담에서 새로 부임한 부사장님이 저를 질책했던 이유도 '넌 이런 사람이니 그 부분을 좀 각성했으면 좋겠다' 하는 의미에서 세게 말씀하신 것일 테지요. 저도 그 심정을 헤아려서 이후 부족한 부분을 제가 가진 강점으로 보완해나갔던 것이고요.

리더라고 모두
완벽한 것은 아니다

　리더도 다른 사람들과 마찬가지로 완벽하지 않고 불완전합니다. 기질은 환경과 경험에 지배당하기 마련이고, 같은 면모도 상황에 따라 다르게 해석이 됩니다. 가령 리더의 '유연함'은 때에 따라서는 융통성이 있는 장점이기도 하지만, 상황 논리에 맞춰 처신을 다르게 한다는 관점에서는 비겁함으로 보일 수도 있습니다. 리더라고 해서 늘 옳은 결정만 내리고 바른 판단만 하는 '성인聖人'은 아니지요. 하지만 많은 사람이 리더에게는 커다란 기대를 겁니다.

　저는 리더들에게 외부의 기대와 스스로 설정한 목표에 압도 당하지 말고 자기 자신을 편하게 있는 그대로 인정하는 것에서 부터 시작하라고 조언합니다. 리더는 특별한 사람이 아닙니다. 또 특별한 사람만 리더가 되는 것도 아닙니다. 아주 작은 조직이 라도 자신의 장단점을 살려 주도적으로 일하며 목적과 성과를 이뤄나간다면 그 사람은 이미 훌륭한 리더입니다. 저는 대학원 을 4곳이나 졸업했습니다. 거기에는 제가 사회 지능이 많이 부 족했던 탓도 있습니다. 학위들을 일종의 방패로 삼아 저를 보호 하고 싶었습니다. 저는 과거부터 지금까지 공부는 좋아하지만, 사람들을 만나는 일은 그다지 좋아하지 않습니다. 부득이하게 꼭 만나야 한다면 티타임을 갖거나 가볍게 점심을 먹는 정도로 미팅을 마칩니다. 지금도 대개 집이나 연구실에 머무릅니다. 그 러나 지금 제 일은 사람들 앞에서 하는 강연입니다. 사람들과 어울리는 일은 좋아하지 않지만, 사람들 앞에서 지식을 전달하는 일은 제가 잘하는 일이기 때문입니다. 저는 장점은 살리고, 못하거나 싫어하는 부분은 최소화하면서 저라는 1인 기업의 리더 역할을 해나가고 있습니다.

자신의 강점을 파악해
조직을 효율적으로 운영하라

미국의 경영학자 피터 드러커Peter Drucker는 자신의 강점을 파악하는 방법으로 '피드백 분석'을 권했습니다. 피드백 분석은 어떤 일을 할 때 9~12개월 후 예상하는 결과를 기록한 뒤, 그 기간이 지나서 자신이 기대했던 바와 실제 성취를 비교해보는 것입니다. 그는 피드백 분석을 반복함으로써 자신의 강점을 파악하고, 부족한 부분은 개선할 수 있다고 이야기했지요. 무엇보다 무지함에서 비롯된 지적 오만을 개선할 수 있다고 말했습니다. 그는 뛰어난 역량을 발휘할 수 있는 부분에 자원과 시간을 더 집중해 개선하고, 역량이 낮은 분야에는 자원과 시간을 투입하지 말라고 조언했습니다. 잘하는 것을 더욱 잘하게 만들자는 논리이지요. 한국인 최초로 미국 메이저 리그에 진출했던 박찬호

선수는 한국에서 활동할 때는 크게 주목받지 못했습니다. 그랬던 그가 미국에서 세계적인 선수로 발돋움하게 된 비결은 자신의 강점에 주목했던 미국의 코치 덕분이라고 합니다. 그의 투구 폼을 보더니 그 자세로 어떻게 하면 더 공을 잘 던질 수 있을지 알려주더랍니다. 사람의 몸은 모두 생긴 게 다른데, 어떻게 운동하는 폼이 똑같을 수 있느냐면서요. 한국에서는 투구 폼이 정석과 다르다고 지적만 받았는데 말이지요. 지난 시절, 우리는 상향 평준화를 목표로 부족한 부분의 개선에 초점을 맞췄습니다. 하지만 이제는 저마다의 강점을 무기로 내세워 그것을 발전시키는 데 초점을 맞춰야 합니다.

 리더가 자기 자신을 잘 알아야 하는 이유도 같은 맥락입니다. 자신이 잘하는 부분을 더 키우는 효율성을 발휘하기 위해 리더는 자신을 잘 알아야 합니다. 잘하는 것을 더 잘하게 만들기 위해 시간을 쓰기에도 부족할 만큼 바쁜 세상입니다. 저도 문성후라는 1인 기업의 대표로서 장점을 살리고자 늘 선택과 집중을 해왔습니다. 지금까지 총 7권의 책을 썼지만, 주제는 늘 2가지로 일관되었습니다. 직장생활 및 사회생활을 하며 형성된 암묵지를 형식지화 한 책, 경영 요소로써 중요한 기업 평판과 관련된 책, ESG 경영과 관련된 책들이 그것입니다. 참고로 이 책은 첫 번째 카테고리에 해당합니다.

제게는 학위가 많다 보니 종종 사람들이 묻곤 합니다. "박사가 되면 뭐가 좋은가요?" 저는 대답합니다. "네, 모르는 것은 자신 있게 모른다고 말할 수 있습니다. 그리고 아는 것은 안다고 자신 있게 말할 수 있습니다." 저는 학위가 있어야만 박사라고 생각하지 않습니다. 진정한 리더들은 메타 인지Meta Cognition가 발달해서 자신이 무엇을 아는지, 무엇을 모르는지 정확하게 파악합니다. 자신이 잘하는 분야에 집중해서 성과를 냅니다. 그런 리더라면 학위가 없더라도 그 분야의 박사입니다.

제가 모시던 한 사장님은 원가 절감의 박사였습니다. '회사 비용에 마른 수건은 없다'가 업무 철학이었지요. 그분은 늘 어디든지 부임하고 나면 비용 구조를 샅샅이 훑어서 비용 절감을 달성했습니다. 그분이 비틀면 바짝 마른 줄로만 알았던 수건에서도 물이 흘러나왔습니다. 리더의 역량을 끌어올리는 가장 단순하지만 확실한 방법은 자신에 대해 잘 파악해 잘하는 부분을 집중적으로 파고드는 것입니다. 하나만 잘하기에도 바쁘고 힘든 세상입니다. 복잡한 세상을 이기는 가장 단순한 리더의 힘은 바로 나에 대한 제대로 된 파악에서 시작됩니다. 그것이 리더의 진정한 자존입니다.

눈과 귀가 열려야
좋은 판단을 내린다

성공한 리더일수록
빠지기 쉬운 오류

리더는 자기 그릇의 크기와 미래의 성과를 종종 오판합니다. 실무진일 때는 일을 잘하다가 임원직에 오른 뒤 조기 퇴직한 리더 중에는 자신의 그릇을 키우기도 전에 큰 과업에 도전했다가 실패한 분들이 많습니다. 회사를 잘 다니다가 창업했는데 그렇게 자신만만하게 시작한 회사가 생각보다 사세를 키우지 못하고 망한 경우도 같은 맥락입니다. 자신의 능력치에 대한 오해나 과신은 자만 혹은 교만과 같은 인성人性의 문제가 아닙니다. 이는 판단을 잘못했다는 측면에서 리더십의 문제입니다. 성공한 리더일수록, 자수성가한 리더일수록 자칫 확증 편향이나 오류에 빠지기 쉽습니다. 지금까지 해온 방식대로 계속해왔을 때 늘 결과가 좋았으므로 앞으로도 그 방식을 답습해야겠다고 생각하는 경우도 종종 있지요. 이런 리더들은 이를 두고 '감感', '촉', '직관', '본능'이라고 표현하며 자신의 방식대로 일하기를 고집합니다. 그 밑에서 일하는 사람들은 리더가 이뤄놓은 거대한 성과에 압도되어서 자기 리더의 감과 촉을 믿고 그 길을 그대로 따라갑니다.

리더라면 매일 빼놓지 않고 하는 2가지가 있습니다. 숨쉬기와 일하기입니다. 리더는 일을 손에서 놓기 어려울 만큼 많이 해야 한다는 말입니다. 그런데 숨 쉬는 방법은 태초부터 지금까지 변함이 없지만, 일하는 방법은 아주 많이 달라졌습니다. 코로나 팬데믹을 겪으며 분위기가 많이 바뀌기는 했지만, 재택 근무가 과연 효율적이고 미래적인 근무 방법인지에 대해서는 여전히 논란이 많습니다. 조직의 수평화가 과연 조직 내부에 혁신을 가져오는지도 하나의 답만 존재하지는 않습니다. 제가 1990년대 중반에 배운 MBA 지식은 경험상 지금은 거의 쓸모가 없는 것 같습니다. 지식의 주기가 아주 짧아졌기 때문입니다. 당시에 배운 이론들과 사례들로 오늘날의 경영 환경을 이야기하기에는 매우 고루하지요. 물론 근본적인 지식은 여전히 살아남아 있습니다. 대차 대조표와 손익 계산서라는 수백 년 된 회계 원칙들이 그렇습니다. 하지만 그 외에는 MBA 커리큘럼에서조차 사라진 지식이 적지 않습니다. 이렇게 리더를 둘러싼 업무 환경과 문화가 바뀌고 있는데 일하는 태도는 그대로인 경우, 리더는 잘못된 판단을 내리게 됩니다.

리더가 오류와 오판을 저지르는 2가지 이유

리더가 오류와 오판을 하는 구체적인 이유는 무엇일까요? 우선 리더가 항상 만나는 사람들만 만나기 때문입니다. 리더의 오류는 여기서 가장 먼저 시작됩니다. 리더들의 모임은 다소 폐쇄적입니다. 리더는 자신들에게 맞는 격을 찾습니다. 예를 들어 리더 포럼, 최고위과정 등에 특정한 리더를 초대하려면 그에게 다른 리더들은 누가 오는지, 기꺼이 참석해서 함께 조찬을 나눌 만한 모임인지에 대해 설명해야 합니다. 예전에 제가 재직 중이던 회사에서 사회의 오피니언 리더들을 초청해 2개의 포럼을 만든

적이 있습니다. 고급 호텔에서 식사와 와인도 대접하고, 소정의 비용까지 드리고자 만든 자리였지요. 이 포럼을 구성할 때 제가 최고로 신경을 쓴 부분은 가장 먼저 합류를 결정해줄 서너 분의 네임 밸류가 있는 분들을 섭외하는 것이었습니다. 이름만 들어도 누구나 알 만한 분들을 초반에 섭외한 후, 이분들이 참석한다고 다른 리더들도 설득해 포럼의 참석자들을 늘려가는 전략을 사용했던 것입니다.

이렇게 '어울릴 만한 사람들하고만 어울리겠다'라는 폐쇄적인 생각에 갇히다 보면 리더들끼리의 만남은 서로의 유사 경험만 공유하는 자리가 되기 십상입니다. 팀원들에게는 계속 새로운 경험을 통해 창의력을 높이라고 하면서 정작 본인은 자신과 비슷한 리더들만 만나는 경우가 허다하지요. 물론 이해가 안 되는 것은 아닙니다. 리더들은 어느 정도의 위치에 오른 사람들이기 때문에 자신이 아쉬운 소리를 하는 경우보다 아쉬운 소리를 듣는 경우가 많습니다. 만나는 사람마다 자신이 부탁을 들어주는 입장이 되고, 또 그 부탁을 다 수용할 수는 없어서 거절도 자주 해야 하다 보니 스트레스가 이만저만이 아닙니다. 그러다 보니 만나는 사람을 가리게 되고, 결국엔 자신과 비슷한 사람들만 만나게 됩니다. 그런데 이것이 리더가 오류에 빠지는 시작점입니다. 정치하는 사람들은 모두 자신이 국회의원이나 대통령이 될 것으로 생각합니다. 자신을 열렬히 지지하거나 자기를 좋아하는 사람들에 둘러싸여 있으면 없던 야심이 생기는 것과 같은 원리입니다.

리더가 오류에 빠지거나 오판을 하는 데에는 뇌 과학적인 이유도 있습니다. 리더의 오판은 종종 단순히 상황을 '잘못 읽어서'가 아니라, '자기중심으로 읽는' 데서 비롯됩니다. '패턴 재인 Pattern Recognition'이라는 용어를 들어봤는지요? 인간의 두뇌 메커니즘 중에는 어떤 상황을 접했을 때 예전의 경험과 기억에 의존해 현재 상황을 인식하는 메커니즘이 있습니다. '감정 태깅 Emotional Tagging'도 이런 맥락에서 기억해둘 만한 개념입니다. 뇌는 사건이나 행동에 대한 기억을 저장할 때 이와 관련된 감정도 함께 저장합니다. 우리가 어떤 상황을 맞닥뜨리면 그에 딸린 감정과 함께 상황을 해석하게 되는 것은 감정 태깅의 영향입니다. 패턴 재인과 감정 태깅이 결합하면 리더나 경영진은 의사 결정을 할 때 한쪽으로만 돌진할 우려가 있습니다.

제가 몸담았던 두산그룹의 이야기입니다. 두산그룹은 아주 오래전 콜라, 맥주 등을 제조하여 판매했습니다. 음료 분야는 무엇이든 자신이 있어서 우유 사업에도 도전장을 내밀었습니다.

하지만 결국 사업을 펼치지 못하고 접고 맙니다. 준비 과정에서 의사 결정에 오류가 있었기 때문입니다. 바로 유통 인프라에 대한 준비가 부족했지요. 맥주나 콜라와는 달리 우유는 보통 배달을 해서 먹던 시절이었기 때문에 물류를 장악하지 못하면 판매 활로를 개척하기 어려운 상황임을 간과했던 것입니다. 그룹에서는 음료 시장에 대한 경험이 풍부하다고 자신했던 데다가(패턴 재인의 오류), 우유 사업까지 확장하여 음료 시장 전체를 석권하겠다는 야심(감정 태깅의 오류)이 있었던 것 같습니다. 그 과정에서 정확한 판단이 이뤄지지 못한 셈입니다.

리더가 오류와 오판을 예방하려면 ①
다양한 사람을 만나 시선을 확장하고
자기객관화에 힘쓴다

리더가 오류와 오판을 예방하려면 어떻게 해야 할까요? 가장 좋은 방법은 자신과 다른 사람들을 격의 없이 만나는 것입니다. 격과 급을 따지는 태도를 버리고, 관계 그 자체에 다이빙하세요. 나이도, 운영 중인 회사 규모도, 직업도 모두 나와 다른 사람을 만나려고 노력하세요. 일본에서는 '이업종교류異業種交流'를 권합니다. 서로 전혀 다른 업종끼리 워크숍도 하며 다른 시각과 경험을 공유하는 것이지요. 리더라면 업무상 업계 모임에도 빠질 수 없겠지만, 이와 더불어 의식적으로 나오는 다른 세계에 속한 '외계인'을 만나야 합니다. 그래야 시선이 확장되고 자기만의 세계에 갇히지 않습니다. 아날로그와 디지털이 넘나드는 세상입니다. 현실 세계와 메타버스의 경계가 모호해지는 세상입니다. 이제는 리더들도 다양한 사람들 가운데에 섞여야 합니다. 내 생각과 판단이 잘못될 수도 있음을 깨닫고 세상에는 또 다른 관점이 있음을 실감해야 합니다. 그러고 나면 이윽고 불안해질 것입니다. 리더는 불안해야 합니다. 인간은 현실에 안주하는 순간, 전진을 멈추기 때문입니다. 내가 아는 세상이 전부가 아니라는 사실을 깨닫는 순간, 리더는 성장하고 조직의 역량은 퀀텀 점프를 합니다. 언제든지 '나는 틀릴 수 있다I might be wrong'라고 생각하는 것이 올바른 리더의 태도입니다.

리더가 오류와 오판을 방지하는 두 번째 방법은 자기객관화를 잘하는 것입니다. 가령, 다른 리더를 거울삼아 자신을 비춰보고 들여다보는 것이지요. 제가 본 리더들은 정도의 차이는 있을지언정 모두 '꼰대 끼'가 있었습니다. 여기서 '꼰대'의 의미는 이중적입니다. 보통은 자기 자랑을 일삼고, 예전의 방식대로 가르

치려는 기성세대를 꼬집어서 '꼰대'라고 칭합니다. 하지만 어떻게 보면 자기 자랑과 가르침의 일면에는 앞선 사람으로서, 또 성공한 사람으로서 자신의 경험을 공유하는 선험자로서의 태도가 배어 있기도 합니다. 그 경험을 전하는 방식이나 사람을 대하는 태도만 무례하지 않다면, '꼰대'의 이야기에도 기꺼이 귀를 기울일 가치가 있습니다. 그 안에는 그 사람의 성공담, 영웅담, 때로는 실패담이 포함되어 있기 때문입니다. 그렇게 다른 '꼰대' 리더의 이야기를 듣다 보면 자기도 모르게 '나는 저러지 말아야겠다', '나라면 어떻게 행동했을까?', '저 사람은 왜 그랬을까?' 등의 생각이 들면서 자신을 잠깐이라도 돌아보게 됩니다.

리더가 오류와 오판을 예방하려면 ②
남 탓과 자기 탓을 구분하는 훈련을 하고
정확한 판단을 위한 장치를 마련한다

리더가 오류와 오판을 방지하는 세 번째 방법은 남 탓과 자기 탓을 구분하는 훈련을 하는 것입니다. 대개의 리더는 책임감이 큰 편입니다. 일이 잘못되면 모두 자기 탓을 하고, 그래야만 멋진 리더라고 생각합니다. '모든 책임은 여기서 멈춘다'라는 말은 듣기에는 참 멋진 말 같습니다. 조직의 모든 문제를 자기 어깨에 걸머진 리더는 우리가 생각하는 리더의 표본 같기도 합니다. 하지만 책임의식이 지나친 리더는 조직을 경영하는 리더로서 그다지 바람직하지 않습니다. 일을 추진하는 과정에서 외생 변수와 내생 변수를 구분하고, 경영 환경을 분석하고, 경쟁 우위를 점하기 위해 애를 쓰다가도 막상 일이 잘못되면 그간에 축적한 데이터는 모두 사라지고 리더 자신만을 탓하는 해석의 오류를 범합니다. 이와 같은 과중한 책임감이 리더의 오류와 오판으로 이어집니다. 일을 그르친 원인을 오직 자기에게서만 찾으려 할 때 같은 실패는 반복됩니다. 정확한 실패의 원인을 찾지 않았기 때문입니다. 따라서 리더는 실패 앞에서 자기 탓에 매몰되기보다는 정확한 일의 실패 원인을 규명하고 이후에 반면교사로 삼아야 합니다. 물론 자신의 잘못이 명백하다면 그것에 대해서는 책임을 지는 것이 리더로서 당연한 태도입니다.

리더가 오류와 오판을 방지하는 네 번째 방법은 '레드팀Red Team'을 주위에 두는 것입니다. 레드팀이란 조직 내 전략의 취약점을 발견해 공격하는 역할을 부여받은 팀을 가리킵니다. 즉, '예스맨'만 곁에 둘 것이 아니라 내 의견에 반기를 들 수 있는 믿을 만한 인물이나 조직을 두는 것이지요. 대기업에서는 사외 이

사들에게 이런 역할을 맡기곤 합니다. 최근 유행 중인 ESG 경영에서도 지배 구조의 투명성을 위해 사외 이사의 독립성을 강화해야 한다는 주장이 많이 제기되는 중입니다. 그런데 사외 이사들이 친분을 바탕으로 오너의 편을 들다 보니 '거수기'라는 비아냥거림을 듣는 일이 비일비재하지요.

경영은 원래 불편한 사람들끼리 모여서 최선의 결정을 내리는 일입니다. 물론 의사 결정을 하는 자리에 있으면서 아랫사람의 쓴소리를 듣다 보면 꽤 고통스럽고 화도 납니다. 하지만 미국 육군 내에서 레드팀을 운영하고, 교황청에서 성자를 임명할 때 후보가 성자가 되어서는 안 되는 이유를 들어 무조건 반대해야 하는 '악마의 변호사Devil's Advocate'를 두는 까닭은 무엇일까요? 의사 결정을 반대하는 팀이나 인물을 선정하는 방식을 전통적으로 제도화한 이유는 그럴 만한 가치가 있기 때문입니다. 레드팀은 블루팀이 세운 전략에서 문제점을 발견하고, 그 문제점을 개선해 더 나은 방향으로 전략을 이끌어가는 역할을 담당합니다. 악마의 변호사도 마찬가지입니다. 성자를 임명할 때 아주 철저하게 검증함으로써 성자를 선정하는 일에 한 치의 오류나 이견이 없도록 하는 장치입니다. 가령 테레사 수녀Mother Teresa를 성인으로 임명할 때는 로마교황청에서 무신론자까지 불러 이의를 제기하는 과정을 거쳤다고 합니다. 리더는 조직이라는 커다란 생명체를 운영하는 사람입니다. 따라서 조직 운영을 위한 의사 결정을 할 때 리더 혼자 단독으로 결정을 내리기보다는 엄격한 절차를 통과하도록 하는 것이 바람직합니다.

좋은 결정을 내려야
좋은 리더다

지금까지 제가 이야기한 내용을 〈하버드 비즈니스 리뷰〉에서는 더욱 간명하게 간추려 설명했습니다. 여기에 실린 '좋은 리더가 왜 나쁜 결정을 하는가Why Good Leaders Make Bad Decisions'라는 칼럼은 리더의 오판을 막는 방법을 2가지로 요약했습니다. 하나는 리더에게 새로운 경험이나 분석을 주입하는 것Injecting Fresh Experience or Analysis입니다. 리더가 자신의 패턴 재인이나 감정 태깅에서 한 걸음 떨어져서 올바른 의사 결정을 할 수 있도록 자극이 될 만한 정보와 경험에 스스로를 노출하는 것이지요. 제가 앞서 이야기한 4가지 방법 중 가장 처음에 제시한 방법과 상통합니다. 또 다른 하나는 내부적으로 치열한 토론과 도전Introducing Further Debate and Challenge을 거치도록 하는 것입니다. 관계를 중요시하는 우리나라에서 쉽지 않은 방법입니다만, 잘못된 의사 결정으로 회사가 망하는 것보다는 내부 관계자들끼리 치열하게 전쟁을 벌여 최선의 의사 결정을 하는 편이 더 낫지 않을까요? '반대가 없는 회의는 회의가 아니다'라는 말처럼 논쟁과 다툼이라는 과정을 거쳐야 리더는 의사 결정을 더욱 올바르게 할 수 있습니다. 늘 일사천리로 회의를 진행하고, 다수결에 따라서 결정하는 리더는 조직을 심각한 상황으로 몰고 가는 중임을 깨달아야 합니다.

좋은 리더는 결국 좋은 판단을 내리는 역할을 수행합니다. 나쁜 판단을 내리는 순간, 더 이상 좋은 리더일 수 없습니다. 좋은 판단을 내리는 리더는 자신이 결정할 부분과 집단 지성을 따라야 할 부분을 정확히 구분합니다. 집단 지성이라고 해서 꼭 옳은 것도 아니고, 다수결이라고 해서 늘 옳은 것도 아니기 때문입니다. 물론 자신의 판단을 맹신해서도 안 되겠지요. 리더가 자신이 결정할 부분이라서 주변의 고언苦言을 참조하지 않고 추진력을 발휘한다면 잘못된 목표물을 향해 발사된 미사일처럼 더 큰 피해를 만들 수 있습니다. 리더란 스스로를 성찰하여 자만을 덜어내고 잘못된 판단을 방지해 자신이 가진 힘과 기술을 옳은 방향으로 사용하는 역할을 해내는 사람입니다.

두려움을 잘 다루면
더 큰 힘이 된다

당신은 지금 '회피형 리더'처럼
일하고 있습니까?

조직의 리더가 되면 그에 걸맞은 대우가 따라옵니다. 가령, 임원으로 발령을 받으면 회사에서는 법인 카드와 직함이 적힌 멋진 명함도 만들어주고, 전용 차량과 독립된 업무 공간도 제공해줍니다. 대학 최고위과정에도 회삿돈을 들여 보내줍니다. 물론 윗사람이 언제 불러서 어떤 과업을 내릴지 모르니 종일 경계 태세의 군인처럼 대기 상태여야 하는 어려움도 있습니다. 그래도 리더가 됨으로서 따라오는 보상은 달콤합니다. 그중 가장 큰 보상은 자신이 받은 것을 재량에 따라 나눌 수 있다는 것입니다. 리더가 되면 인사권과 같은 막강한 권한이 주어집니다. 즉, 자신의 권한으로 팀원에게 높은 인사 평가를 할 수도 있습니다. 보너스를 줄 수도 있고, 정말 믿는 사람이라면 결재권을 위임할 수도 있습니다. 이렇듯 대표나 임원으로서 누리는 권한과 명예는 경영의 피로감을 상쇄하기에 충분합니다. 어려움도 따르지만 그만큼 좋은 점들이 있으니 사람들이 리더의 자리를 선망하고 그 길을 가고자 하는 것이겠지요.

하지만 리더라는 자리의 좋은 점만 누리고 싶어 하고, 일을 안 하는 리더가 있습니다. 일을 피해 도망을 다니는 리더들이지요. 일이 어디로 흘러가든 곁눈질로만 볼 뿐 웬만해서는 그것을 해결하기 위해 직접 뛰어들지 않는 리더가 적지 않습니다. 우리는 이런 리더들이 약아빠졌거나 게으르다고만 생각하는데, 실상은 반대인 경우도 많습니다. 오히려 너무 부지런해서 이런 리더들이 만들어지기도 합니다. 무슨 말이냐고요? 앞에서 언급한, 리더에게 주어지는 보상과 혜택을 떠올려봅시다. 이런 보상을 잃고 싶지 않은 리더는 비겁한 선택을 하게 됩니다. 안 되는 일에는 손을 대기 싫어집니다. 머리가 너무 부지런한 나머지 이런저런 시뮬레이션 끝에 '일하지 말자'로 결론을 내려버리는 것입니다. 선택적으로 일을 골라서 하는 얌체 리더가 양산되는 이유입니다. 여기서 안 좋은 방향으로 한 발 더 나아가면 자신의 잘못을 부하에게 돌리기도 합니다. 최악의 상사이지요. 모두 자신에게 주어진 보상과 혜택을 잃기 싫어서 보호 본능에만 의지한 채 일하는 리더들입니다. 두려움은 피하고 적당한 보신주의로 일하는 리더들입니다.

두려움은 성장을 방해하는
가장 큰 원인

많은 조직원을 이끄는 리더만 두려운 것은 아닙니다. 저처럼 자신이 팀원이자 리더인 1인 기업의 대표들은 더 두렵습니다. 저를 가장 힘들게 만드는 것은 언제든지 제가 시장에서 선택받지 못할 수도 있다는 두려움입니다. 2015년 미국의 배우 로버트 드 니로Robert De Niro는 뉴욕대학교 졸업식에서 '거절당하는 인생이 시작되었다A New Door is Opening for You —A Door to a Lifetime of Rejection'라는 제목의 연설을 했습니다. '앞으로 대학을 졸업하고 사회로 나가는 순간 '거절의 문'이 열릴 것이다. 그러나 위축되거나 좌절하지 말고 자신의 길을 걸어가라'는 내용이 담긴 명문이었지요.

거절의 두려움은 늘 마음을 무겁게 만듭니다. 최근에도 강연 요청이 들어왔다가 석연치 않은 이유로 거절된 적이 있었는데 마음이 썩 개운하지 않더군요. 주연에서 조연으로 내려올 준비는 언제든 되어 있지만, 조연조차 맡지 못하면 어쩌지 하는 두려움에 늘 시달리는 것이지요. 큰 조직에 속한 리더라면 조직이라는 방패막이 있지만, 1인 기업을 운영하는 제 경우에는 외부에서 저를 찾아주지 않는다면 기업으로서의 수명을 다하고 존폐를 고민해야 하기 때문입니다.

하지만 두려움에 압도된 나머지, 주위의 눈치만 보고 몸을 사리고 생존하는 자체에만 골몰하다 보면 더 이상의 발전은 불가능합니다. 여기서 다시 '자존'의 필요성이 드러납니다. 앞에서 저는 자존을 '스스로를 인지하는 태도'라고 정의했습니다. 여기에 정의를 하나 더할 수 있습니다. 바로 '자기를 전진하게 하는 태도'입니다. 자기 평가는 시행착오 끝에 스스로의 장단점을 알고 개선하는 시작점입니다. 하지만 우리가 끝내 도착해야 하는 지점은 자기 평가 그 자체가 아닙니다. 그것을 발판으로 자신이 본래 있던 자리보다 더 발전된 위치에 있어야 합니다.

요즘 주변에서 '코칭 리더십'이란 말을 참 많이 듣습니다. 코칭Coaching의 본질은 올바른 조언을 통해 자신이나 타인을 발전시키는 것으로, 그 출발점은 현재의 문제점에 대한 인식이지요. 만일 리더가 자신에게 주어진 보상에 취해 일과 숨바꼭질을 하고 있다면 리더는 자신은 물론 조직의 성장까지 포기한 셈입니다. 현실을 직시하지 않는 리더가 문제를 해결할 수는 없습니다. 이런 리더는 자존이 없는, 즉 스스로를 인지하지 않고 존중하지 않는 리더입니다. 자신을 비롯해 조직과 조직원들을 성장시키고자 한다면, 리더는 회피하지 말고 두려움에 맞서야 합니다. 그래야만 앞으로 나아갈 수 있습니다.

두려움을 넘어서는
4가지 탁월한 비결

리더는 두려움을 어떻게 극복할 수 있을까요? 자신이 가진 두려움을 없앨 방법은 본인이 가장 잘 압니다. 두려움을 없애는 방법은 심리적이고 정서적인 부분이라 사람마다 방법이 다를 수밖에 없습니다. 제 경우에는 늘 배짱을 부려보는 방식을 취했습니다. '잃어야 얼마나 잃겠어?'(전부를 잃을 수도 있겠지만), '이 일이 안 풀리면 다른 일을 하면 되지'(다른 일은 할 줄 아는 게 없지만)

하는 식으로 호기를 부리는 것입니다. 내 안에 다른 나를 대입시켜 배짱Guts을 심어주는 셈이지요. 제 건배사는 '뚝배기'입니다. '뚝심 있게, 배짱 있게, 기운차게'라는 뜻이지요.

운을 믿어보는 것도 제가 찾은 또 하나의 방법입니다. '지금까지 내 운이 그럭저럭 좋은 편이었으니 앞으로도 나에게 운이 따를 거야'라고 믿는 것입니다. 1인 기업을 운영하면서 늘 두려움에 시달릴 때면 저는 제가 그동안 운이 꽤 좋았다는 사실을 떠올립니다. 금융감독원에서 사회생활을 시작해 이후 이름만 들어도 다 아는 대한민국의 대기업들을 다니며 임원으로도 7년간 재직했습니다. 그 정도면 직장인으로서는 꽤 좋은 성취를 해왔다고 자부해도 되겠지요. 이후 마지막 회사를 퇴직한 후에는 지금까지 7년 동안 교수로서, 연사로서, 작가로서 다른 사람들의 환대를 받으며 제가 가장 좋아하고 잘하는 방식으로 지식을 공유하며 살았습니다. 이 정도면 꽤 괜찮은 인생 2막인 듯합니다. 이런 생각을 하면 제 미래에 대한 두려움은 일순 사라지고, 오히려 사뭇 기대되기도 합니다. 그 자리에서 꼼짝 않고 두려움에 떠는 대신, 앞으로 한 발 내디딜 자신감도 차오르고요.

제가 두려움을 극복하는 세 번째 방법은 더 철저히 준비하는 것입니다. 정신과 의사인 한 후배가 언젠가 이렇게 말했습니다.

"선배, 겨울이 오면 동사凍死를 생각할 게 아니라 땔감을 준비하는 게 더 낫지 않겠어요?" 걱정하고 있을 시간에 그 걱정이 현실이 되지 않도록 만반의 대비를 하라는 의미입니다. 제가 거의 매년 책을 집필하는 이유도 '겨울 준비' 중 하나입니다. 미국에서 유학하던 시절, 너무 앉아서 공부만 하나 싶어 권투를 잠시 배웠습니다. 권투를 배우며 가장 두려울 때는 상대방의 펀치에 맞아 내가 크게 다칠지도 모른다는 생각이 들 때였지요. 권투 선생님이 알려주신 해결책은 아주 간단했습니다. '움직이고, 피한 다음, 상대에게 펀치를 날린다.' 움직이지 않고 가만히 서 있기만 하면서 상대방의 공격을 피하지 않으면 당연히 주먹에 맞습니다. 즉, 맞지 않으려면 계속 움직이면서 내가 일격을 가할 순간을 모색해야 합니다.

두려움을 극복하는 마지막 방법은 힘을 빼는 것입니다. 릴랙스Relax 하는 것이지요. 힘을 빼라는 말은 앞에서 이야기한, 두려움을 극복하는 방법들과 반대편에 있는 것처럼 보입니다. 배짱을 부리고, 내가 지닌 운을 확신하고, 철저히 준비하는 태도는 어딘지 모르게 결연하고 단단하게 각오를 다지지 않으면 안 되는 태도 같습니다. 그런데 갑자기 힘을 풀라뇨? 이 방법은 지친 나의 머리와 마음에 달콤한 선물을 하라는 뜻입니다. '그 정도 단단히 준비했으면 이제는 괜찮다. 네가 걱정하는 일은 일어나지 않을 것이다' 하고 마음에 안정감을 주는 것이지요. 너무 단단하기만 한 나무는 부러집니다. 골프장에 갤러리가 너무 많으면 골퍼가 집중력이 흐트러지고 부담감이 커져서 헛스윙하지 않나요? 두려움을 넘어서기 위한 모든 준비를 마쳤다면 마지막에는 자신에게 여유를 보상으로 선물해주세요.

이 글의 시작 부분에서 리더가 되면 조직으로부터 많은 보상을 받는다고 이야기했습니다. 사실 외부에서 주어지는 보상보다 자신이 일군 성취(가령, 두려움을 이기기 위해 했던 준비들)에 대해 스스로 칭찬해주고 자기식의 보상을 해줄 때 더 큰 행복을 느낄 수 있습니다. 남이 해주는 보상은 늘 자신이 생각하는 것보다 부족하기 마련이기도 하고요. 두려움을 없애는 방법이 꼭 긴장이나 응전應戰에 국한될 필요는 없습니다. 때로는 역발상으로 지나친 두려움에 압도될 때는 오히려 다른 좋은 감정으로 부정적인 감정을 덮어주는 것도 필요합니다. 어릴 적 치과에 갔을 때를 떠올려보세요. 치료를 끝내고 사탕이나 아이스크림을 먹는 보상은 이를 썩게 만드는 군것질거리들이라는 점에서는 아이러니하지만, 두려움을 없애기 위해 기꺼이 허락된 선물이지 않았나요? 이렇듯 리더들은 자기 안의 두려움을 없애기 위해 다양한 방법을 궁리해야 합니다.

미국 하버드대학교 경영대학원의 종신 교수이자 세계적인 석학 에이미 에드먼슨Amy Edmondson은《두려움 없는 조직》에서 두려움이 성장 동력이 될 수 없다고 주장했습니다. 이를 뒷받침하기 위해 에드먼슨은 우리에게 '파블로프의 개'라는 실험으로 유명한 이반 파블로프Ivan Pavlov가 키우던 개의 일화를 이야기합니다. 파블로프가 기르던 개들은 1924년 러시아의 도시 레닌그라드를 휩쓴 대홍수 이후 학습 능력이 현저히 떨어졌다고 합니다. 당시 개들은 물 위로 코만 간신히 내놓을 만큼 위태로운 상태였는데, 이날 겪은 두려움의 기억이 이후 개들의 학습 능력을 빼앗아갔다는 해석입니다. 이처럼 두려움은 내가 가진 자원과 역량을 '생존'이라는 한정된 영역에만 사용하게 만듭니다. 그것보다 절박한 목표는 없을 테니까요. 하지만 리더 자신을 비롯해 조직이 성장하기 위해서는 생존을 고민하는 것만으로는 부족합니다. 그저 현상 유지에 불과하지요. 혁신과 발전은 현재 머무른 자리에서 한 발 더 용기를 내어 내디딜 때 비로소 가능함을 기억하세요. 자기 안의 두려움을 다스릴 줄 아는 리더에게 두려움은 더 이상 적이 아닙니다.

자기애가 없는 리더는
금방 무너진다

리더의 성과를 판단하는
외부의 시선

여러분은 '리더'라고 부를 수 있는 자격의 기준을 무엇이라고 생각하나요? 거느리고 일하는 직원의 수? 회사의 규모? 저는 리더라는 자리를 규정하는 절대적으로 계량화된 기준이 있다고 생각하지 않습니다. 앞서도 언급했지만, 홀로 일하는 1인 기업의 대표도 목표를 가지고 주도적으로 일한다면 충분히 리더라고 부를 수 있습니다. 즉, 자기 자신이든 타인이든 사람을 다독이고 이끌어서 분명한 결과를 만들어가는 사람이라면 모두 리더입니다. 이러한 정의 속에 리더가 갖춰야 할 자질이 숨어 있습니다. 리더는 '성과'를 사랑해야 합니다. 자칫 결과중심주의적인 관점으로 보일지 모르겠습니다만, 결과를 지향하지 않는다면 조직은 존재의 의미가 없습니다. 여기서 결과란 기업 운영처럼 꼭 이윤을 남기는 것만을 가리키지는 않습니다. 가령 정당과 같은 정치 집단이라면 권력을 쟁취해 자신들이 지향하는 이념이 담긴 정책을 수행하는 것이 성과이겠지요.

리더의 성과는 외부에서 확인됩니다. 즉, 성과를 판단하는 주체가 리더 자신이 아니라는 뜻입니다. 상사, 동료, 팀원, 고객, 거래처 등 타인이 얼마나 만족했는지에 따라 리더의 성과가 판단된다는 의미이지요. 스스로를 움직여 외부에서 만족할 만한 성과를 만들어내는 것이 리더의 숙명입니다. 그렇다 보니 리더는 외부 평가나 피드백에 흔들리기 쉽습니다. 저도 직장생활을 할 때 타인으로부터 칭찬을 받고, 명성을 얻으면 그것이 일을 추진하는 데 큰 동기를 부여해줬습니다. "어휴, 이 일은 우리 문 과장 없으면 진행 안 되는 거 잘 알지?", "문 차장, 자네 이번 회의는 무조건 참석해줘야 하네. 자네 의견을 꼭 들어야겠어. 무슨 일이 있어도 시간 비워놓게." 상사로부터 이런 말을 들으면 저도 모르게 기대치에 걸맞은 성과를 만들어내고 싶어지더군요. '내가 이 정도 되는 사람인데 그래도 그 이상은 해내야 하지 않겠어?' 하는 자신감도 차오르면서 세상의 인정을 받으며 위풍당당하게 우뚝 선 제 모습이 자랑스럽기까지 했습니다. 하지만 외부에서 비롯된 동기 부여는 양날의 검 같은 지점이 있음을 기억해야 합니다.

이 책을 집필하는 동안 저는 수많은 리더십 책을 읽고 유튜브 등에서 다양한 강연을 찾아 들었습니다. 그러고 나니 문득 이런 생각이 들더군요. '리더에게 요구되는 바가 너무 많은 것 아니야?' (리더십을 다루는 이 책 역시 큰 틀에서는 그런 지적을 피할 수 없겠지만요.) 리더십에 대한 대부분의 조언들은 '리더는 이래야 한다', '이런 사람이 리더다'와 같은 명제형의 권고가 참 많았습니다. 아무래도 리더는 무겁고 막중한 역할을 수행해내야 하는 자리이니 그럴 테지요. 문제는 리더십 책을 읽으면서 '아, 이건 내 이야기네. 그래도 내가 이 부분은 잘하고 있구나' 하는 자기 효능감도 느껴야 하는데, 열등감과 초조함을 불러일으키는 내용이 너무 많았습니다. 사람은 너무 높은 기준을 요구받으면 그것에 도전하기보다 지레 포기하는 선택을 합니다. 즉, 지나친 기대는 리더를 자칫 위축시킬 우려가 있는 것입니다.

바깥의 기대보다
'나 자신'이 먼저다

사실 리더인 자신에게 쏟아지는 기대를 낮추게끔 외부 요인을 강제로 조정할 수는 없습니다. 결국, 바깥의 지나친 기대로 인해 위축되거나 혹은 자만하는 마음을 통제할 방법은 스스로 능력을 믿고, 있는 그대로의 자신을 사랑해주는 것뿐입니다. 바깥의 기대에 부응하지 못해 긴장하는 것도, 바깥의 기대에 부응하고 싶어 능력 밖으로 무리를 하는 것도 모두 자기 자신을 해치는 길입니다. 너무 당연한 말이지만, 세상에서 가장 소중한 사람은 나입니다. 우리에게 주어진 소명이 그렇습니다. '가장 나다운 모습으로 내 삶을 살아가는 것', 이것이 신이 인간을 창조하고 세상에 내려보낸 이유가 아닐까요?

그렇다면 리더라는 역할을 부여받은 사람으로서 자신을 사랑한다는 것은 무엇을 의미할까요? 이쯤에서 여러분이 지금까지 살아온 길을 한번 되돌아보면 좋겠습니다. 아마도 한 해 두 해 어찌어찌 직장생활을 하다 보니 지금의 위치까지 온 분들도 있을 테고, 작심하고 회사를 하나 차려서 내 인생 내가 주도적으로 살아보자 마음먹고 뜨겁게 달려온 분들도 있을 겁니다. 혹은 어딘가에 매여서 일하기보다는 자유롭게 일하면서 나라는 브랜드를 성장시키며 일하는 프리랜서분들도 있을 겁니다. 모습들이야 제각각일 테지만, 자신의 지난 커리어를 되돌아보니 새삼 스스로가 참 기특하고 대견하게 느껴지지 않나요?

안타까운 현실입니다만 사실 우리는 일을 하면서 늘 성공적인 결과만을 얻지는 못합니다. 리더가 되고 싶었지만 그 자리에 오르지 못한 분들도 있을 겁니다. 성과에 대한 목표 의식만큼은 분명하지만 여러 요인들이 따라주지 않아 일이 잘 풀리지 않았던 분도 있을 테고요. 하지만 결과와는 상관없이 각자의 일을 해오는 과정에서 쌓아온 경험은 여러분만의 가치 있는 자산입니다. 자신을 사랑한다는 것은 자신의 모든 경험을 포용하고 사랑한다는 의미입니다. 그 경험을 쌓기까지 애를 쓴 자신을 인정하고 사랑한다는 의미입니다. 이는 곧 '자기 동기 부여Self-Motivation'로 이어집니다.

자기 동기 부여를 위한 마법의 워딩, '딱 이것만 하자'

물론 자기 동기 부여가 말처럼 쉽지는 않습니다. 동기 부여란 결국 목표를 달성하기 위해 힘을 내고, 소모된 에너지를 충전해서 전진하기 위해 필요한 것인데, 사람이 일하면서 너무 진이 빠지면 충전 자체가 어려울 뿐만 아니라, 궁극에는 왜 내가 방전된 몸을 추스르고 충전해서 다시 일해야 하는지 그 필요성을 느끼지 못하기도 합니다. 쉽게 말해 번아웃이 되는 것이지요. 성과 내는 것을 좋아하는 리더들 역시 그런 슬럼프에 종종 빠집니다. 인사 고과가 발표되고 인사이동의 계절은 다가오는데 아직 해 놓은 것도 없는 것 같고, 그렇다고 힘을 내서 일하자니 그럴 마음이 들지 않았던 경험이 리더의 위치에 머물렀던 사람이라면 누구에게나 있을 것입니다.

아무리 좋은 회사에 다녀도, 일에 대한 의욕이 많은 편이어도 단 한 번도 출근하기 싫은 적이 없던 사람이 어디 있겠습니까? 사람에게는 늘 이중적인 면모가 존재하는데, 직장인도 그렇습니다. 어떤 날은 '이렇게 열심히 일하다가 스톡옵션이나 초고액 연봉을 받는 임원직까지 올라가는 거 아니야?' 희망에 부풀었다가, 어떤 날은 '○○은 창업해서 대박이 났다던데, 나는 월급의 노예가 되어서 저기 저 부장처럼 나이만 먹다 퇴직하는 거 아닌가 모르겠네. 어휴' 한숨 쉬는 날도 있습니다. 이런 고민은 임원이 되어서도 똑같습니다. 임원이 되면 기사 딸린 차를 내려주는 이유를 혹시 아는지요? 어디 다른 데로 새지 말고 제시간에 회사에 와서 일하라고 차가 상시 대기하는 것입니다.

제가 24년간 직장생활을 하면서 가장 힘들었던 때는 직원에서 임원이 된 직후였습니다. 한국을 대표하는 글로벌 대기업의 최연소 임원이라는 타이틀은 굉장히 묵직하게 다가왔습니다. 하지만 임원직을 달았다고 해서 하루아침에 마인드가 임원의 그것으로 바뀌기는 어려웠습니다. 마치 어제까지는 미성년자였는데 만 20세 생일이 지나 성년이 되었다고 해서 하루 사이에 어른처럼 행동할 수는 없는 것과 같은 이치이지요. 하지만 내가 성장하지 않았다고 해서 나에게 주어진 역할을 방기할 수는 없는 노릇이었습니다. 나를 다독여서 직원의 마인드에서 임원, 그리고 리더의 마인드가 될 수 있도록 이끌어나가야 할 책임이 있었습니다.

그때 제가 구사한 방법은 바로 '딱 이것만 하자'라고 마음속으로 되뇌는 것이었습니다. '천 리 길도 한 걸음부터'라는 속담처럼 한 번에 많은 것을 하려고 하기보다는 '오늘은 이거 하나만 딱 해내자' 하는 마음으로 저에게 다가오는 과업들을 해나갔습니다. 그렇게 매일매일 걸음을 옮기다 보니 어느새 꽤 먼 길을 걸을 수 있었습니다. 지금은 글쓰기가 직업인 사람이 되었지만,

저도 처음부터 제가 7권의 책을 써내리라고는 생각하지 않았습니다. 미리 출판 계약을 여러 권 하지도 않았고요. 대신 새로운 출판 계약을 할 때마다 늘 이렇게 다짐했습니다. '그래, 올해는 딱 이 책만 쓰자.' 그 시간이 한 해 두 해 쌓이다 보니 어느덧 7권의 책을 출간한 저자가 되어 있더군요.

너무 먼 훗날의 일까지 생각하면 사람은 지레 지치고 의욕을 잃기 마련입니다. 미래에 대한 생각(대부분은 걱정)은 그 일이 실제로 일어날지 일어나지 않을지 불투명합니다. 그런 일에 미리 겁을 먹고 질려버린다거나 위축될 필요가 있을까요? 그러니 리더 여러분, 성과는 내야 하겠는데 영 몸도 마음도 움직이지 않을 때는 '딱 이것만 하자'라고 말해주면서 자신에게 달콤한 선물을 하기를 조언합니다. 저는 이 선물을 '투데이 캔디'라고 부르겠습니다. 오늘 하루를 견디게 하고, 나를 움직이게 만드는 달콤한 사탕 같은 선물이기 때문입니다. 이 말 한마디를 건넴으로써 시시포스의 바위처럼 무겁게만 느껴졌던 나의 하루가 조금은 가뿐해지는 기분이 들지도 모릅니다. 이렇게 건강한 자기 동기 부여야말로 자신을 존중하고 사랑하는 방법입니다.

이 장의 맨 앞에서 저는 자존을 '스스로를 인식하는 태도'라고 새롭게 정의했습니다. 이어서 나를 올바로 인식하여 나의 그릇을 제대로 파악하는 것이 좋은 성과를 내기 위한 시작점이라고 진단했습니다. 나를 아는 것에는 고통도 따릅니다. 나의 한계도 알게 되기 때문입니다. 하지만 진정한 리더는 두려움 없이 그 한계를 인정하고 받아들여서 자신의 그릇을 키우는 에너지로 활용합니다. 그 과정에서 외부의 변수에 상관없이 자기 동기 부여를 해가며 무리하지 않으면서도 즐겁게 일하는 방법을 찾아나갑니다. 완벽한 리더는 세상에 존재하지 않습니다. 자신에게도 없는 완벽을 주위에 강요하는 리더는 좋은 리더가 아닙니다. 훌륭한 리더는 자신을 비롯한 인간의 불완전성을 인정하고, 그 불완전함 가운데에서도 빛이 나는 부분을 찾아 사랑하고 독려해주며 앞으로 나아가는 리더입니다. 자존이 높은 리더, 자기에 대한 존중과 사랑이 넘치는 리더는 어떤 어려움 속에서도 흔들리지 않습니다. 또 그래야 리더는 자신의 품위를 지키며 자존할 수 있습니다.

第三章

配 배려 慮

: 팀원과 더불어 성장하는
겸손한 태도

함께 걸어가야
멀리까지 갈 수 있다

배려는 가장 좋은
동기 부여의 방법

리더들은 때때로 자신이 얼마나 막강한 권한을 가졌는지, 자신이 팀원들이나 구성원들에게 얼마나 커다란 압박을 주는지 잘 모릅니다. 회식이나 티타임 자리에서 맛있는 음식이나 차를 나누며 함께 편히 이야기하자는 것뿐인데, 아랫사람들이 말하길 가장 좋은 상사는 회식할 때 빨리 자리를 뜨는 상사라고 하니 서운한 마음도 듭니다. 하지만 마음과는 달리 리더의 존재는 직원이나 구성원들에게 부담스러운 것이 사실입니다. 오죽하면 리더가 출근하지 않는 날을 '무두절無頭節'이라고 부르며 직원들이 좋아할까요. 그렇다고 해서 리더가 책임을 내려놓고 자신의 역할을 하지 않을 수도 없습니다. 이럴 때 아랫사람들과 공존할 수 있는 비결이 있습니다. 바로 '배려配慮'입니다.

배려는 일종의 '인정人情의 베풂'으로도 볼 수 있습니다. 예를 들어 사규에 누구나 3년에 한 번씩 일정 기간으로 특별 장기 휴가를 갈 수 있다고 칩시다. 휴일 규정은 노동 계약 조건에 포함되었기에 정해진 일정에 맞춰 떠나는 휴가를 어떤 직원도 회사의 배려라고 생각하지는 않을 것입니다. 당연한 권리이니까요. 그런데 팀원 중 한 명이 3개월간 출산 휴가를 보내고 오게 되었습니다. 때마침 이 직원은 올해 3년에 한 번 찾아오는 특별 장기 휴가를 쓸 수 있는 상황이기도 했습니다. 하지만 팀 내의 일이 워낙 많아 휴가를 추가로 붙여서 쓰기가 다소 눈치 보이는 상황이기도 했지요. 이럴 때 리더가 먼저 해당 직원에게 "○○씨, 팀 업무는 신경 쓰지 말고 필요하다면 특별 장기 휴가를 출산 휴가에 더 붙여서 써도 괜찮네. 몸조리 잘하고 건강하게 복귀하게"라고 이야기해준다면 이것은 커다란 배려로 다가갈 것입니다.

이처럼 리더가 조직 내에서 팀원들이 처한 상황을 공감해주고 잘 헤쳐 나가도록 자상하게 배려해준다면, 팀원들은 더 이상 리더를 두려워하거나 멀리하려고 하지 않을 것입니다. 리더 역시 자신의 배려를 통해 팀원들과 가까워짐으로써 심정적으로 서운했던 마음을 달랠 수도 있을 테고요. 이와 같은 상호 간의 배려는 팀워크를 다져줌은 물론이고 업무의 성과로도 이어집니다. '고마움에 보답하는 마음'은 내적 동기를 높여주는 감정 중 하나입니다.

'사람에 관한 관심'과 '균형감'은 배려의 바탕이다

공평무사한 태도를 잃지 않으면서도 아랫사람을 적절히 배려할 줄 아는 감각은 어디에서 시작할까요? 본질은 사람에 관한 관심입니다. 타인에게 무관심한 사람은 다른 사람을 제대로 배려하기가 어렵습니다. 그 사람이 무엇을 필요로 하는지를 파악할 수 없기 때문입니다. 제 경험담을 하나 이야기해보겠습니다. 제가 리더로 있을 때 고민 아닌 고민이었던 문제는 회식 메뉴였습니다. 처음에 저는 팀원들에게 선택권을 주는 것이 배려라고 생각했습니다. 그런데 그것이 방관이라는 사실을 뒤늦게 깨달았지요. 나중에 회식 자리를 가보면 팀원들이 먹고 싶은 메뉴를

파는 식당이 아닌, 꼭 윗사람들이 좋아할 만한 장소가 예약되어 있더군요. 고민 끝에 저는 회식 장소를 맛있는 뷔페로 정했습니다. 그전보다 조금 더 환영을 받긴 했습니다만, 역시 정답은 아니었습니다. 회식이란 게 동료애도 다지고 필요하면 업무 이야기도 하는 자리인데, 다들 왔다 갔다 하면서 접시에 음식을 담아 나르느라 얼굴 맞대고 이야기하기가 어렵다며 투덜대는 사람도 생기더군요. 주로 저와 시니어 팀원들 사이의 중간급 관리자들이 이런 불만을 토로했습니다. 여러 일을 겪으며 저는 모두를 두루 배려하는 일이, 또 배려의 완급을 조절하는 일이 정말 어렵다는 사실을 실감했습니다.

이와 비슷한 맥락에서 리더의 배려에는 균형감이 필요합니다. 배려가 너무 지나치면 자칫 조직 내부의 기강이 무너지고, 위계질서도 없어지고, 공사 구분이 흐려질 우려가 있기 때문입니다. 그렇다고 너무 경직된 태도로만 일관하면 융통성 없고, 인간미 없는 리더로 낙인이 찍혀버리기 십상입니다. 배려는 참 아름다운 태도입니다. 하지만 그 이면에는 이중적인 의미도 들어있습니다. 아무런 사심 없이 타인을 배려하는 모습은 미담으로 남지만, 자칫 자신의 구미에 맞는 사람만 배려할 경우, 이는 배려가 아니라 공사를 구분하지 못하는 태도로 전락할 위험이 있지요. 형평성의 문제를 불러일으킬 수도 있다는 이유로 많은 리더들이 쉽사리 배려의 태도를 보이기 어려워하기도 합니다. 따라서 리더는 배려의 적절한 기준을 세워야 합니다. 자신의 마음에 맞는 특정인만 배려하는 것이 아니라면, 적절한 기준에 따른 배려는 리더와 팀원들이 동반 성장할 수 있도록 이끌어주는 탁월한 덕목입니다.

배려의 사전적 정의는 '도와주거나 보살펴주려고 마음을 쓰는 것'입니다. 즉, 마음을 쓰는 방향이 특별히 규정된 것은 아닙니다. 하지만 현실에서, 특히 조직 내에서는 아랫사람이 윗사람을 배려해야 하는 상황보다 그 반대의 상황이 더 자주 벌어집니다. 아무래도 리더는 권한을 많이 가진 사람이다 보니 도와주거나 보살펴줄 수 있는 자원이 팀원보다는 넉넉하기 때문이지요. 그렇기 때문에 저는 리더라면 팀원을 배려하는 것이 의무라고 생각합니다.

리더가 발휘할 수 있는
배려의 다양한 모습

리더가 발휘할 수 있는 배려에는 어떤 것이 있을까요? 저는 크게 3가지를 꼽습니다. 우선 업무의 시공간에서 직원들 각각의 개인적인 사정을 헤아려주는 배려입니다. 회사에 다닌다는 것은 남에게 내 시간과 노동력을 내어주고 그 대가를 받는 일입니다. 자영업자나 프리랜서, 개인 사업자들도 여기에서 예외는 아닙니다. 돈을 벌고자 한다면 내 시간과 공간을 일정 부분 내어놓아야 합니다. 그러다 보면 나 자신도 내 사정을 제대로 돌봐주기 어려울 때도 많습니다. 개인사가 있다고 해도 가게 문을 열고 거래처와 소통하며 일해야 하지요.

여러 상황이 있겠지만 여기에서는 조직 내부의 이야기로 한정해서 예를 들어보겠습니다. 직장생활을 하다 보면 우리는 예기치 못한 여러 상황으로 인해 팀 내에서 자신에게 맡겨진 임무를 수행하기 어려워질 때가 있습니다. 아이가 아플 수도 있고, 갑자기 교통사고가 날 수도 있습니다. 혹은 번아웃이 되어 한 발자국도 움직이기 어려울 수도 있습니다. 이럴 때 눈치 보지 않고 휴가를 내거나 업무 마감 기한을 조정할 수 있도록 상사가 배려해준다면 감사한 마음과 이에 보답하고자 하는 의식이 생깁니다. 인지상정이지요. 상사의 배려는 팀원에게 자발적인 채무 의식을 갖게 만듭니다. 그리고 팀원은 더 나은 성과를 보여줘 이를 상쇄하고 되돌려주고자 합니다. 배려의 선순환입니다. 이처럼 배려는 가장 좋은 동기 부여의 방법입니다.

두 번째는 업무 자체에 대한 배려입니다. 일의 성과만 두고 봤을 때 조직 내 사람들은 이렇게 구분할 수 있습니다. 무슨 일을 맡겨도 최고의 성과를 올리는 사람, 최고의 성과까지는 아니지만 일을 두루두루 잘하는 사람, 그리고 무슨 일을 맡겨도 성과가 썩 좋지 않거나 심지어 실망스러운 결과를 내는 사람이지요. 사실 대부분은 앞의 2가지에 해당합니다. 사람에게는 자신의 능력을 살려 좋은 결과를 내고 싶어 하는 자기 발전의 욕구가 있기 때문입니다. 맨 마지막이 예외적인 경우이지요. 리더의 역할은 조직의 성과를 위해 적재적소에 사람을 잘 쓰는 일도 포함됩니다. 잘하는 일을 더 잘할 수 있도록 밀어주는 것, 못하거나 버거워하는 일에서 빼줘 심리적 부담을 덜어주거나 옆에서 도와주는 것도 리더가 할 수 있는 배려입니다.

한국 축구를 대표하는 박지성 선수는 2002년 한일 월드컵 이후 거스 히딩크Guus Hiddink 감독을 따라 네덜란드의 프로 축구 구단인 PSV 에인트호번으로 이적했습니다. 그러나 데뷔 직후 무릎 부상으로 인해 경기를 제대로 뛰지 못했고, 홈팬들의 비난과 경기 부진으로 인해 큰 슬럼프에 빠지고 맙니다. 위기에 빠진 박지성 선수를 구한 것은 다름 아닌 히딩크 감독의 배려였습니다. 히딩크 감독은 홈팬들의 비난으로 위축된 박지성 선수를 보호하고자 원정 경기에만 출전시키는 등 역량을 믿고 기다려줬습니다. 결과는 어땠을까요? 우리가 아는 대로입니다. 이후 박지성 선수는 UEFA컵, 이탈리아 AC 페루자와의 원정 경기에서 완벽하게 부활하며 다시 유럽 무대에서 스포트라이트를 받기 시작했습니다. 몇 년 뒤 영국 프리미어 리그 맨체스터 유나이티드 FC에 입단하게 되지요. 만일 히딩크 감독의 배려가 없었다면 박지성 선수는 몸과 마음을 회복하지 못하고 끝내 제 기량을 펼칠 수 없었을지도 모릅니다.

배려의 끝판왕은
사람을 키우는 일

　마지막으로 리더가 할 수 있는 배려는 팀원이나 파트너를 리더로 육성하기 위해 자신이 가진 자원을 쓰는 것입니다. 이는 리더가 할 수 있는 가장 큰 배려이기도 합니다. 리더는 자신이 속한 업계나 조직이 경쟁의 운동장이기도 하지만, 그러한 경쟁을 통해 상호 발전하며 새로운 다음 세대를 양성해내는 공간임을 잊지 말아야 합니다. 상위 단계의 리더십을 평가하는 기준에는 조직의 성과 외에도 얼마나 훌륭한 예비 리더를 육성했는지가 포함됩니다. 해외 글로벌 기업들은 현직 CEO가 차기 CEO 후보군을 지정하고, 그 후보군 중에서 회사를 가장 잘 끌어갈 리더를 선발하여 경영 능력을 시험하고 노하우를 전수하는 데 적어도 2~3년을 할애합니다. 그렇게 우수한 다음 세대를 길러내야 시간이 지나도 조직의 생명이 수그러들지 않고 유구히 이어질 수 있기 때문입니다.

저 역시 임원 생활 막바지에는 함께 일하고 있던 팀원들에게 최대한 많은 교육의 기회를 주고자 노력했습니다. 제가 팀원들의 승진이나 연봉 인상에 대한 절대적인 권한이 있었던 것은 아니기에 그런 부분을 배려해주기는 어려웠지만, 견문을 넓히도록 교육이나 연수를 보내주는 일 정도는 재량껏 할 수 있었기 때문입니다. 그렇게 교육이나 연수를 다녀온 팀원이 "문 상무님, 덕분에 제가 이번에 몰랐던 부분을 많이 배우고 왔습니다. 리프레시도 되었고요. 기회를 주셔서 감사합니다"라고 이야기를 할 때면 그 어느 때보다 흐뭇했던 기억이 납니다.

최근 '코칭 리더십'이 주목을 받고 있습니다. 지금까지 리더의 전형은 추진력 있고, 카리스마 있고, 통솔력이 뛰어난 모습으로 조직을 이끄는 사람이었습니다. 코칭 리더십은 이와 같은 기존의 리더십을 새롭게 정의합니다. 코칭 리더십에서는 리더를 일방적으로 팀원들에게 명령을 하달하는 존재로 보지 않습니다. 그 대신 팀원들의 고민에 귀를 기울이고 팀원들이 자신의 능력을 스스로 발견하고 그것을 업무에 활용하고 발전할 수 있도록 돕는 조력자로 규정합니다. 권위주의적인 조직을 벗어나 수평적인 조직으로 전환해야 한다는 사회적 요구까지 더해지면서 코칭 리더십은 점차 확산이 되었습니다. 저는 코칭 리더십의 바탕은 배려라고 생각합니다. 리더가 혼자서만 잘나면 무슨 즐거움으로 일을 해나갈까요? 혼자 가면 빨리 갈 수 있겠지만, 결코 멀리 가기는 어렵습니다. 리더가 팀원들을 배려하며 함께 발맞춰 걸어 나갈 때 모두가 성장하는 아름다운 결과에 가닿을 수 있을 것입니다.

두려움으로는
사람의 마음을 얻을 수 없다

'알파 늑대' 이론의
함정

1947년, 독일의 동물학자 루돌프 쉔켈Rudolph Schenkel은 일군의 늑대 무리를 관찰한 뒤, "늑대들은 싸움의 결과로 서열을 정하고, 그중 가장 강한 늑대가 모든 자원을 선점한다"라고 발표했습니다. 그는 모든 자원을 독점한 서열 1위의 늑대를 '알파 늑대Alpha Wolf'라고 호명했습니다. 일명 '서열 이론'으로도 불리는 쉔켈의 주장은 사람들에게 큰 호응을 받았습니다. 인간 사회의 '약육강식 논리'에 직관적으로 부합하는 이론이었기 때문입니다. 인간 사회 내에서 무리를 이룬 조직이라면 어디나 그 조직의 '대장'이 존재합니다. 그리고 그 '대장'에게 잘 보여야 인생이 덜 피곤하다는 사실을 우리는 본능적으로 알아차리고 그에 맞춰 행동합니다.

이후 쉔켈의 알파 늑대 이론은 20여 년 뒤 또 다른 늑대 전문가 데이비드 미치David Mech에 의해 수정되었습니다. 1990년대 후반에 미치 역시 늑대 무리를 관찰했지만, 쉔켈과는 전혀 다른 결과를 도출해냅니다. 이유는 간단했습니다. 쉔켈은 갇힌 상태의 늑대 무리를 관찰했지만, 미치는 자연 상태의 늑대 무리를 관찰했기 때문입니다. 그에 따르면 쉔켈의 실험에는 오류가 존재했습니다. 가둬진 상태의 늑대 무리는 제한된 자원을 선점해야만 자신이 생존할 수 있는 극도의 경쟁 상태에 놓였기 때문에 서열 싸움을 벌일 수밖에 없었던 것이지요. 그러나 자연 상태의 늑대 무리는 달랐습니다. 미치의 관찰에 따르면 자연 상태에서의 늑대들은 서로 공존하며 새끼를 낳고 먹이를 확보하고 나눴습니다. 그러고 보면 쉔켈의 알파 늑대는 늑대 무리의 리더라고 보기 어려울 것 같습니다. 그저 무리 중에서 싸움을 제일 잘해서 다른 늑대를 짓밟고 자신의 먹잇감을 확보한 힘이 센 늑대였을 뿐이지요.

이탈리아의 정치 이론가인 니콜로 마키아벨리Niccoló Machiavelli는 《군주론》에서 '군주는 백성들로부터 사랑받는 대상이 되는 길과 두려운 대상이 되는 길 가운데 부득불 하나를 포기해야 한다면 사랑받는 대상이기보다 두려운 대상이 되는 것이 훨씬 낫다'라고 말했습니다. 《군주론》은 16세기에 쓰인 책으로 지금까지 경영과 리더십의 고전으로 손꼽히지만, 저는 마키아벨리의 저 말에 동의하기가 어렵더군요. 리더는 아랫사람의 사랑과 경외(두려워하며 우러러보는 마음)를 둘 다 얻기 힘들다면, 그중 후자를 택해 알파 늑대가 되는 길을 걸어가야 한다는 마키아벨리의 관점이 일견 잘못된 소신처럼 느껴졌습니다. 지금도 주위를 둘러보면 여전히 알파 늑대 이론의 함정에 빠진 리더들이 많이 보입니다. '나는 강하게 보여야 해', '아랫사람들에게 호구로 보여선 안 되지', '아니, 어디 감히 리더인 내 말대로 하지 않다니! 날 무시하는 건가?' 이런 생각을 하는 리더들이지요.

배려 없는 강한 리더십은
폭력으로 작용할 수도 있다

앞서 언급한 생각들은 일종의 강박이자 자격지심이 아닐까 싶습니다. 아랫사람에게 만만하게 보이는 순간 리더로서의 권위가 무너지고, 이는 관계의 문제를 불러일으키는 데에서 그치지 않고 일의 성과에도 안 좋은 영향을 미칠 것이라는 걱정은 오해이자 기우가 아닐까요? 이런 생각에 사로잡히면 그때부터 리더는 유연성 없는 원칙주의자가 되고 맙니다. 사실 리더라는 자리에 오른 사람들이라면 정도의 차이는 있겠지만, 권력과 권한에 대한 의지, 통솔력에 대한 열망 등이 다들 있기 마련입니다. 그런 마음이 없다면 리더의 자리에 오르기조차 어려웠겠지요. 그런데 '강한 리더십'을 유지해야 한다는 심리가 크다 보면 팀원들 각각의 상황을 헤아리며 일을 진행하기보다는 정해진 계획과 목표에만 맞춰 강하게 밀어붙이는 리더십을 발휘하게 됩니다. 그렇게 리더십 자체의 방어와 업무 성과 내기에만 골몰하다 보면 자칫 일을 함께해나가는 주체인 '사람'을 간과하는 우를 범하게 되지요.

물론 리더가 마냥 무르기만 해서도 안 될 것입니다. 리더는 조직을 하나의 목표를 향해 이끌어야 하고, 때로는 단호하게 중요한 의사 결정을 내리는 역할도 해야 하기 때문입니다. 자신이 이끄는 조직을 위협하는 외부 변수에 대해서는 강경한 태도로 맞서야 할 때도 있을 테고요. 내부적으로나 외부적으로나 리더에게는 강철 같은 면모가 있어야 함은 부정할 수 없습니다. 하지만 리더의 강력한 힘은 조직과 구성원 모두를 위해 쓰일 때만 유익합니다.

배려는 리더의 강력한 힘이 올바른 방향으로 쓰이도록 유도해주는 방향키의 역할을 하는 태도입니다. 함께 일하는 사람들의 마음을 얻어 리더가 더 강력한 힘을 발휘할 수 있게 만들어주기도 하지요. 앞에서 '배려'의 바탕은 사람에 관한 관심이라고 이야기한 바 있습니다. 즉, 무심한 리더는 배려의 미덕을 발휘하기 어렵다고 지적했지요. 그런데 무심함 외에도 배려의 반대말이 있습니다. 바로 '무례함'입니다. 무례한 리더는 자신에게 주어진 특권과 힘을 올바르지 않은 방향으로 함부로 사용합니다. 소위 '갑질'이라고 부르는 행태들이 대표적이지요. 리더의 무심함은 팀원에게는 서운한 마음으로 끝날지 모르지만, 무례함은 다릅니다. 무례함은 상대방에게 상처와 불쾌함을 남깁니다. 리더가 자신의 힘을 믿고 저지른 위계에 의한 무례함은 엄연한 폭력입니다.

강력한 리더십의 어두운 그림자, 열등감

앞서 강한 리더십에 대한 강박 관념이 지나치면 '갑질'과 같은 무례함을 저지를 수도 있다고 지적했습니다. 구글에서 '갑질Gapjil'을 검색하면 '한국에서 권력자의 오만하고 권위적인 태도나 행동을 지칭하는 표현An Expression Referring to an Arrogant and Authoritarian Attitude or Actions of People in South Korea'이라고 나옵니다. 외국에서는 '기업 행태Corporate Behavior'라고 하여 경영진의 권한 남용이나 리더 리스크를 경계하는데, '갑질'은 리더 리스크의 대표적인 사례입니다.

리더의 무례함은 어디에서 비롯되는 것일까요? 여러 해석이 존재할 수 있겠으나, 저는 '열등감'을 커다란 원인으로 꼽습니다. 리더도 사람이기 때문에 열등감과 같은 부정적인 감정에서 자유로울 수 없습니다. 믿기지 않겠지만 저는 "내가 키가 작아서 깔보냐"라고 말하는 리더를 직접 보기도 했고, 자신이 소위 명문대 출신이나 유학파가 아니라서 업계에서 무시를 당한다고 생각했던 리더도 지척에서 봤습니다. 창업주와 자신을 비교하면서 "도대체 나 보고 어떻게 하라는 거야!"라며 아랫사람들에게

윽박지르며 화를 내던 리더도 봤지요. 이와 같은 리더들이 가진 열등감의 원인은 제각각이었지만, 하나의 공통점이 있었습니다. 자신의 부족한 부분 때문에 사람들이 결정을 따르지 않거나 무시한다고 여기면서 도리어 고집을 부린다거나 소통하기를 거부했다는 점입니다. 조직원들과 더 나은 의사 결정의 방향을 함께 고민하려고 하기보다는 독불장군처럼 자기 생각만 강하게 주장하는 리더들이었지요. 본인이 느낀 열등감은 그저 '느낌'일 뿐이지 실은 '열등함'이 전혀 아니었는데 말입니다.

열등감을 가진 리더일수록 강한 리더십을 표방하는 이유는 자신의 부족한 부분이 드러나면 그 자리에서 내려와야 한다는 두려움이 있기 때문입니다. 일종의 '버림받음'에 대한 두려움이지요. 하지만 자신의 치부를 감추고 싶어 강한 척하다 보면 오히려 부러지기에 십상입니다. 사람들은 빈틈이 없는 사람보다 어느 정도 인간적인 면모가 있는 사람에게 더 큰 호감을 느낍니다. 그러니 리더라면 열등감에 빠져 조직을 비롯해 자기 내면을 피폐하게 만드는 선택을 할 것이 아니라, 조금은 넓은 품으로 자신의 열등감을 달래며 리더로서 필요한 자질을 더 수양하고 발전시켜나가야 할 것입니다.

자신이 가진 힘을
부드럽게 조절하라

리더가 권한의 크기를 알고
제대로 행사해야 하는 이유

리더십 교과서에는 '권력Power'이란 단어가 자주 나옵니다. 리더십이란 결국 자신에게 주어진 힘(권력)을 잘 활용해 조직을 이끄는 지도력을 의미하기 때문입니다. 여기서 권력은 남을 복종시키거나 지배할 수 있는 공인된 권리와 힘을 가리킵니다. 즉, 대체로 합법적으로 주어진 권리이지만, 자칫 잘못 휘두르면 타인에게 심대한 잘못을 저지를 우려도 있는 힘이지요. "나에게 힘이 주어졌으니, 너는 무조건 내 말을 따라야 해" 하는 리더를 우리는 역사 속에서 얼마나 많이 봐왔었나요.

권력과 유사한 단어로 '권한權限'이 있습니다. 한자 뜻 그대로 '권리와 한계'를 두루 아우르는 말입니다. 권한은 권력과 비슷한 말이지만 엄밀하게 따지면 그 의미가 조금 다릅니다. 권한은 '힘이 미치는 범위'를 가리킵니다. '권력을 행사한다'는 말이 자신이 가진 힘을 어떤 제약 없이 휘두른다는 의미에 가깝다면, '권한을 행사한다'는 말은 주어진 범위 안에서 자신의 힘을 사용한다는 뜻입니다. 따라서 조직을 이끄는 리더라 할지라도 권한 밖의 힘을 행사하면 조직에서 정한 규칙이나 법률에 근거해 처벌을 받게 되어 있습니다. 우리는 TV나 신문에서 기업의 오너가 배임 및 횡령 혐의로 처벌을 받고 이사회의 의결에 따라 자리에서 물러났다는 기사를 종종 접하곤 하는데요. 아무리 기업의 소유주라고 할지라도 이사회의 승인 등 적법한 절차를 거치지 않고 회사 자금을 사적인 용도로 유용하는 것은 권한 밖의 일이기 때문입니다. 엄연한 범죄이지요. 이런 일이 지금도 공공연하게 벌어지는 이유는 '회삿돈이 내 돈이지', '내가 이 회사 대표인데 이 정도도 못 하나?' 하며 자기 권한의 한계를 인지하지 못해서입니다.

리더들이 권한 밖의 힘을 오·남용하는 데에는 이와 같은 행태를 알고서도 암묵적으로 쉬쉬하는 조직 내부의 분위기 때문이기도 합니다. 괜히 나서서 "지금 그러시는 건 잘못입니다"라고 말해봤자 힘을 가진 사람 눈 밖에 나기만 할 테니 그냥 모른 척하는 것이지요. 하지만 제재 없는 힘은 폭주합니다. 조직 구성원들의 묵인 속에 리더가 자신의 힘을 이용해 불법을 저지르거나 아랫사람들에게 정신적·언어적 폭력을 가하는 일이 반복되면 그동안 쌓이고 쌓였던 조직 구성원들의 불만이 어느 순간 한꺼번에 터지면서 그 조직은 아름답지 않은 말로를 맞이하게 됩니다. 힘을 함부로 쓰지 말라는 말이 괜히 있는 것이 아니지요.

리더가 부리는 권력의 횡포에는 꼭 이렇게 무언가를 '하는 것'만 있지는 않습니다. 리더가 자신의 권한을 행사하지 '않는 것'도 일종의 횡포입니다. 리더가 아랫사람에게 아무 일도 배정해주지 않는다거나, 리더 자신이 해야 할 역할을 다하지 않는다면 그것도 역시 권력의 횡포입니다. '○○ 부장, 사사건건 내 말에 반기나 들고 말이야. 거 참 마음에 안 드는구먼. 모든 회의에서 제외시키고 한직으로 보냈다가 적당한 때 사표 받는 게 낫겠군', '아, 다 짜증 나고 힘들다. 내가 안 해도 밑에서 알아서들 해서 올리겠지' 생각하고 교묘하거나 태만하게 조직을 해치는 리더들, 한 번쯤 본 적이 없나요? '1장 충직'에서도 이야기했지만,

리더는 일에 거짓됨이 없어야 하며 주어진 업무에 성실해야 합니다. 리더는 자신의 권한 안에서 자기 일을 열심히 잘해야 할 뿐만 아니라, 아랫사람들을 적재적소에 배치하여 일이 잘 돌아가게끔 해야 합니다. 이를 행하지 않는 것도 권한 밖의 힘을 행사한 셈이나 마찬가지입니다. 리더에게는 이유 없는 태업의 권리가 주어지지 않았기 때문입니다.

리더가 일하지 않는 것은 '수동적 권력 횡포'다

리더는 언제 태업을 할까요? 안 좋은 예로 2가지가 있습니다. 하나는 자신이 관여했다가 일이 잘 안 되면 온전히 책임을 져야 할까 봐 시작도 안 하는 경우입니다. 제가 24년간 직장생활을 하며 겪은 바에 따르면 연말연시 인사이동의 계절이 다가오면 임원들은 크게 두 부류로 나뉘었습니다. 한쪽은 좋은 결과가 예상되는 프로젝트를 맡아 큰 성과를 거둬서 '최근 효과'를 통해 승진을 노리는 임원들이고, 다른 한쪽은 3분기까지 해온 성과에서 멈추고 마지막 분기에는 눈에 띄는 움직임을 보이지 않고 몸을 사리는 임원들입니다. 선량한 관리자로 남아 대과大過 없이 인사 명령을 기다리는 것이지요.

　또 다른 경우는 팀원에게 경쟁의식을 느낄 때입니다. 이는 코치가 선수를 키울 생각은 안 하고 선수의 실력을 시샘하는 셈이나 마찬가지입니다. 그 선수가 자신을 앞질러 더 높은 자리에 오를까 봐, 자신보다 출중한 능력으로 자신을 깔보거나 우습게 여길까 봐 선수를 육성하는 대신 리더로서 임무를 모른 척하는 선택을 하는 것이지요. 하지만 차세대 인재를 양성하는 일만큼 조직에 중요한 일은 없습니다. 세월은 흐르고 새로운 인재가 계속 배출되어야 조직은 이후에도 무탈하게 굴러가고 성장할 테니까요. 그런데 리더가 사사로운 감정에 빠져 조직의 미래를 일구는 일에서 손을 놓아버린다면 그 조직은 과연 미래가 있을까요?

　물론 리더의 태업이 인간적으로 이해가 되는 경우도 있긴 합니다. 성심과 성의를 다해 일했는데 배신을 당하면 당연히 일에서 손을 놓고 싶어집니다. 책임져야 할 범위가 너무 넓어도 리더가 일에서 도망갈 수 있습니다. 특히 조직 내부에서 공과를 따질 때 공에 대한 보상보다 과에 대한 처벌이 지나치게 크면 조직의 각 팀을 이끄는 리더들은 업무에 드라이브를 걸기가 쉽지 않습니다. 안 하느니만 못한 결과가 나올 수 있으니까요. 하지만 그렇다고 해도 리더라면 이런 난관들을 극복하고 조직을 이끌어가야 합니다. 리더의 숙명이지요.

자기도 모르게 저지르는
권력의 횡포를 피하려면

리더가 자기도 모르게 저지를 수도 있는 권력의 횡포를 피하려면 어떻게 해야 할까요? 권력의 횡포를 피한다는 말은 곧 자신에게 주어진 권력을 올바로 행사한다는 말입니다. 그러기 위해서 리더는 자신이 어떠한 리더십을, 어떠한 권력을 구축할 것인지에 대해 숙고해야 합니다. 저는 보상적 권력보다 준거적 권력을 구축해야 한다고 생각합니다. 보상적 권력은 리더와 팀원이 주고받는 거래 관계에 기반한 권력입니다. 기브 앤 테이크 Give and Take에 기반한 권력이기에 팀원이 리더에게 받을 수 있는 것이 없다면 그는 더 이상 리더를 따르지 않게 됩니다. 언제든 무너질 수 있는 취약한 권력이지요. 반면에 준거적 권력을 가진 리더는 팀원들이 그 리더를 배우고 싶어 하고 닮고 싶어 합니다. 준거적 권력을 가진 리더의 보상은 팀원들의 내적 동기를 북돋는 것입니다. 쉽게 말해 사람의 마음을 산 리더인 셈이지요.

회사에 있을 때는 상냥하게 굴던 팀원들이었는데, 막상 회사를 떠나니까 언제 그랬냐는 듯 등을 돌렸다면 그동안 리더는 보상적 권력으로만 팀원들과 일했던 것입니다. 반면에 퇴직 후에도 팀원들이 먼저 찾고 여전히 인간적으로 따른다면 그 리더는 준거적 권력을 확보한 사람이었던 것이지요.

여기서 우리는 리더십의 본질을 하나 깨달을 수 있습니다. 바로 내 리더십 형태를 결정하는 것은 아랫사람들이라는 사실입니다. 저 역시 저와 함께 일했던 모든 팀원들에게 준거적 권력을 가진 리더이고 싶었습니다. 하지만 사람 마음이 어디 뜻대로 되나요. 여전히 저를 찾아와 조언을 구하고 안부를 묻는 옛 팀원들도 많지만, 연락이 끊긴 팀원들도 적지 않습니다. 후자의 경우에는 그 팀원들에게 제가 준거적 권력을 가진 리더로 다가가지 못한 것이지요. 아쉬운 일이지만 도리가 없는 일이기도 합니다. 다만 할 수 있는 것은 충직한 태도로 리더로서의 소임에 최선을 다하고 그런 내 모습을 아랫사람들이 인정하고 받아주는 것을 기다리는 일뿐이지요. 결과가 제게 달린 것은 아니니 일단 노력을 한다는 것 자체가 중요합니다.

리더의 의무 중에는 기여의 의무가 있습니다. 팀원과 조직, 고객에게 기여할 의무이지요. 제가 20여 년 전 미국에서 MBA 리더십 코스를 배울 때 교수님은 늘 'CEMIE'를 강조했습니다. 여기서 C는 '도전Challenge', E는 '가능하게 하는 것Enable', M은 '모델이나 표본Model', I는 '영감Inspire', E는 '격려Encourage'를 가리키는데, 각각은 리더가 함양해야 하는 덕목들입니다. 즉, 리더는 도전해야 하고, 팀원이 원하는 바가 가능하도록 만들어줘야 하고, 스스로 모범이 되어야 하며, 영감을 주고받으며 팀원을 격려해야 합니다. 저는 이 모든 항목을 하나의 단어로 묶어 '기여'라고 표현합니다. 리더의 자리에 있다면 자신이 가진 자원을 활용해 반드시 좋은 방향의 기여를 해야 합니다. 그것이 주어진 권한을 올바로 사용하는 길입니다.

배려, 무소불위의 권력에 브레이크를 거는 힘

미국 컬럼비아대학교 메디컬 센터 정신 의학 교수인 켈리 하딩Kelli Harding은 《다정함의 과학》에서 친절, 신뢰, 공감 속에 건강과 행복의 비밀이 숨어 있다고 주장했습니다. 저는 여기에 배려의 덕목까지 추가하고 싶습니다. 사실 친절, 신뢰, 공감은 배려와 같은 의미망 안에 있는 단어이지요. 모두 타인을 생각하는 마음이 담긴 태도입니다. 그리고 이런 배려는 권력을 무소불위로 휘두르고 싶은 리더의 마음을 단단히 붙잡아주는 탁월한 힘이기도 합니다. 타고나길 배려심이 깊은 사람이면 더할 나위 없이 좋겠습니다만, 그렇지 않더라도 배려의 자세는 후천적으로 학습과 함양을 할 수 있습니다. 노력을 기울이려는 의지만 있다면 말이지요.

배려는 일종의 매너이기도 합니다. 저는 미국에서 공부하는 동안 한국에서는 습득하지 못했던 사회적 매너를 익힐 수 있었습니다. 뒷사람을 위해 문을 잡아준다든지, 모르는 사이라고 해도 엘리베이터 안에서나 길을 가다가 눈이 마주쳤다면 싱긋 눈인사하는 태도 같은 것들이지요. 이런 행동들이 제 삶에 당장 눈에 보이는 이득을 가져다준 것은 아니지만, 타인을 위해 호의를 베풀 때 긍정적인 감각을 익히는 데 도움이 되었습니다. 배려의 효능을 일상에서 느끼자 한국에 돌아와서도 몸에 익은 대로 행동하게 되었고, 이내 습관이 되었습니다.

당연히 일할 때도 이런 배려의 습관은 발휘되었습니다. 지시하더라도 듣는 사람의 마음을 헤아리면서 될 수 있으면 부드럽게 말하고, 아랫사람이 곤란해 보인다면 다른 사람들 앞에서 체면을 구기지 않게 넌지시 수습책을 제시하는 등 제 나름의 배려를 펼치곤 했던 것이지요. 제가 회사를 떠난 지금도 여전히 연락을 해오는 지난 시절의 팀원들은 아마도 이런 모습에서 준거적 권력을 발견하고 지금도 저를 여전히 자신들의 리더로 여겨주는 것이 아닐까 싶습니다. 진심으로 고마운 일이지요.

리더에게는 꽤 커다란 힘이 주어집니다. 사람을 부리는 힘, 물적 자원을 동원하는 힘, 시간과 일정을 조율하는 힘 등 리더가 가진 유무형의 힘은 무궁무진합니다. 리더는 자신이 가진 힘의 범위를 제대로 파악하고 완급을 부드럽게 조절할 줄 알아야 합니다. 그 힘들을 자기 멋대로 휘두르는 리더는 결코 오래 갈 수 없습니다. 그런 리더십을 아랫사람들이 잠깐은 두려워할지언정 끝내 묵인하지는 않을 테니까요.

리더의 마음챙김은
자신을 위한 배려다

체력 관리만큼 중요한
리더의 마음챙김

저는 《직장인의 바른 습관》에서 직장인의 정신 관리에 관해 이야기한 바 있습니다. 저 역시 멘털 클리닉을 주기적으로 다니며 체력만큼 마음도 관리하려고 노력 중입니다. 특히나 리더는 심적으로 힘든 상황에 자주 처합니다. 리더가 내리는 의사 결정이 한 조직의 성패를 좌우할 수도 있기 때문입니다. 얼마 전 영화 〈한산〉을 보면서 저는 이순신 장군의 리더십에 대해 많은 생각을 했습니다. 무엇보다 난세의 영웅으로 추대받는 이순신 장군이 한 명의 인간으로서 초조함과 두려움을 느끼는 장면에 눈길이 갔지요. 그중에서 이순신 장군이 전쟁터 한가운데에 홀로 서 있는 악몽을 꾸는 장면은 단연코 이 영화의 하이라이트 중 하나였습니다. 이 악몽을 꾼 뒤 이순신 장군은 학익진 전법의 운용을 결정하고, 한산도 대첩에서 대승을 거둡니다. 왜군의 공격에 대응해 최전방의 선두에서 부하들을 이끌어야 했던 장수의 마음은 얼마나 고독하고 외로웠을까요? 이순신 장군이 지금까지도 성웅聖雄으로 추앙받는 이유는 전쟁에서 이겨야만 한다는 소명의식과 나라와 백성을 구해야 한다는 애국애민의 정신으로 무거운 심리적 부담을 이겨내고 결국 승리를 거둔 장수이기 때문입니다.

리더의 심리적 부담과 관련해 한 가지 흥미로운 조사 결과를 읽은 적이 있습니다. 2022년 7월, 은행권청년창업재단과 분당서울대병원은 국내 스타트업 창업자 271명을 대상으로 설문 조사를 한 결과를 정리해 〈스타트업 창업자 정신건강 실태 보고서〉를 발표했는데요. 이 보고서에 따르면 창업자들은 일반 성인보다 스트레스나 우울증을 겪는 비율이 높았습니다. 스타트업 창업자 중 32.5%가 우울증 고위험군으로 나타났는데, 이는 성인 평균인 18.1%의 2배에 가까운 수치입니다. 고위험의 불안함을 겪는 창업자 역시 20.3%로 성인 평균인 12.2%의 2배에 가까운 결과를 보였습니다. 수면 부족을 겪는 창업자도 60.9%에 달했습니다. 스트레스 원인으로는 자금 압박 및 투자 유치, 조직 관리 및 인간관계, 실적 부진 및 성과 미흡, 과도한 업무량, 리더십 부족 순으로 나타났습니다. 문제는 조사 대상자 271명 중 254명이 병원을 찾지 않았다는 사실입니다. '도움을 받을 정도는 아니라고 생각한다', '치료 시간을 내기 어렵다' 등이 그 이유였습니다. 저는 창업자들이 병원을 찾지 않는 이유로 꼽은 마지막에 시선이 머물렀습니다. '나약한 사람으로 비칠까 염려된다.' 약 10% 달하는 창업자들이 다른 사람들에게 불안정한 리더로 보일까 봐, 약한 리더로 보일까 봐 걱정하고 있었습니다.

리더들이 이와 같은 불안함을 느끼는 것도 이해가 갑니다. 지금은 인식이 많이 바뀌었지만, 한국은 여전히 정신과 치료를 받는 일에 대해 색안경을 끼고 보는 시선이 강한 편입니다. 우울증과 같은 정신 질환에 대해서도 부정적으로 인식하고는 합니다. "저 사람, 정신과 다닌대. 약간 이상한 사람인가 봐", "정신과는 미친 사람들이나 가는 데 아니야?" 하지만 정신 질환도 신체 질환처럼 전문가의 상담과 치료가 필요합니다. 정신 질환을 비롯해 심리적 문제를 앓는 사람들은 이상한 사람이 아니라 아픈 사람들이지요. 우리나라가 경제협력개발기구OECD 회원국 중 자살률 1위라는 사실은 이러한 사회적 분위기와도 무관하지 않습니다.

리더의 감정 문제는
조직의 명운과도 연결된다

저는 저의 전문성을 살려 곧 리더십 코스를 오픈할 계획인데, 이때 꼭 빼놓지 않고 넣으려는 과목이 하나 있습니다. 바로 '리더의 멘털'입니다. 솔직히 말하자면, 다른 주제(리더의 태도, 매력, 평판, 소통 등)에 비해 인기가 없는 강좌가 될까 봐 우려되는 지점도 있습니다. 하지만 남들의 시선이 두려워 리더가 자신의 멘털 관리를 소홀히 한다면 그것은 리더 본인에게도 해로울 뿐만 아니라 조직 전체의 차원에서도 큰 문제를 불러일으킬 수 있습니다. 리더는 정확한 의사 결정을 내리는 역할을 해야 하는데, 우울감이나 스트레스는 명민한 판단을 방해하기 때문입니다. 제가 '리더의 멘털'을 꼭 강좌에 넣으려고 하는 이유입니다.

리더에게 심리적인 문제가 생기면 이는 개인의 문제로 끝나지 않습니다. 리더가 지속적으로 스트레스나 심리적 압박을 받으면 이를 줄이고자 갈등을 회피하려는 성향이 강해지면서 주위에 '예스맨'만 두게 됩니다. 주변에서 반대하는 사람이 없으니 '내가 잘하고 있다'는 생각에 안심하게 됩니다. 일시적으로는 마음에 위안이 될지언정 올바른 의사 결정을 내릴 수 있는 확률은 낮아집니다. 이로 인해 일의 효율성과 생산성도 떨어집니다. 리더의 잘못된 지시로 좋은 성과가 나지를 않으니 해당 조직에서 비전을 발견하지 못한 인재들은 하나둘씩 조직을 떠나고 맙니다. 만일 리더가 자신의 심리적 문제에 대응하기 위해 '역기능적 대처'를 하게 되면 더 큰 부작용이 생길 수도 있습니다. 역기능적 대처란 스트레스의 본질적인 원인과는 관계없는 대처 방법을 찾는 것을 가리킵니다. 가령 인간관계로 인해 스트레스를 받는 상황인데 관계의 문제를 해결하려고 하지 않고 과음만 한다든지, 과도한 업무량이 스트레스의 원인인데 업무량을 조절할 생각은 안 하고 밤새 게임을 하는 식으로 스트레스를 풀려고 하는 것이지요. 역기능적 대처는 정신과 체력을 모두 갉아먹는 위험한 대응법입니다.

리더가 번아웃을 비롯한 심리적 문제를 더 철저히 관리해야 하는 이유는 직원들의 심리적 문제로도 연결되기 때문입니다. 감정은 아래로 흐르기 마련입니다. 의식적으로 노력하지 않는 이상, 부정적인 감정은 자신보다 힘이 약한 사람을 향해 쏟아내기 쉽습니다. 이는 저도 리더로 일하면서 여러 차례 경험했던 바입니다. 임원으로 재직 중일 때 업무 문제로 이미 스트레스 지수가 최고치로 솟아 있는 상황에서 아랫사람이 무언가 잘못을 저지르면 저도 모르게 속에서 울화가 치밀곤 했습니다. '너까지 왜 이러니' 하는 심정이 되곤 했지요. 이런 마음이 더 뻗어나가면 잘못된 자기 연민으로까지 번지더군요. '내가 이렇게 힘들게 일하면서 너희들 뒤치다꺼리까지 해야 하냐. 위에 가서는 너희들 변호해주고 편들어주고 연봉 올려주려고 애쓰는데 너희들은 이것밖에 못 하니' 하는 마음이 들었습니다. 그런 마음이 제 안에서 꿈틀대는 것을 알아차릴 때면 스스로도 화들짝 놀라곤 했습니다. '어휴, 이런 못난 생각을 하다니. 내가 힘들긴 힘든가 보다. 머리 좀 식히고 오자.' 물론 이런 못난 생각이 리더의 마음속에만 머물러 있으면 다행히 리더 자신의 문제로만 끝납니다. 그러나 이런 마음을 주체하지 못하고 밖으로 뱉어내고 아랫사람을 압박하는 순간, 조직 구성원들은 리더의 눈치를 살피면서 심리적 부담과 스트레스를 고스란히 겪습니다. 그 과정에서 구성원들이 인간적인 모멸감까지 느꼈다면 일을 해내고자 하는 동기를 잃고 맙니다. 팀워크는 붕괴되고 조직이 잘 굴러갈 수 없게 되는 것은 시간문제이겠지요.

욕심을
내려놓는다는 것

  리더로서 마음챙김을 잘하는 방법으로는 무엇이 있을까요?
여러 가지가 있겠지만 저는 '욕심 내려놓기'가 좋은 방법의 하나
라고 생각합니다. 본디 사람의 욕망은 끝이 없습니다. 게다가 리
더는 결과를 내야 하는 자리입니다. 역할의 특성상 성취와 성과
에 대해 압박을 받을 수밖에 없는 조건입니다. 그렇다 보니 남들
이 보기엔 충분히 대단한 성공을 거뒀음에도 여전히 갈급함과
부족함을 느끼기도 합니다. 때로는 주변에서 이런 마음을 부채
질하기도 합니다.

  스타트업을 창업한 후배가 들려준 이야기입니다. 후배는 각
고의 노력 끝에 연 매출 200억 원을 달성하고 나서 자신과 구
성원들이 함께 올린 성과를 무척이나 자랑스러워하고 있었답니
다. 그러고 나서 얼마 후 한층 쭉 펴진 어깨를 하고 스타트업 대
표들 모임에 갔더니 동료 대표들이 성취를 축하해주기는 커녕
오히려 아직도 코스닥 상장 준비를 안 하고 뭐 하고 있느냐면서

소위 루저 취급을 하더랍니다. 다행히 이 후배는 자신을 몰아치는 스타일이 아니라서 다른 대표들의 이야기를 반쯤은 새겨듣고 반쯤을 흘려보냈다고 합니다만, 어떤 리더들은 자신이 한번 일군 성과를 이후로도 지속화하기 위해 스스로를 계속 채찍질하며 가혹하게 몰아붙이기도 합니다.

플래토 효과Plateau Effect에 대해서 들어본 적이 있나요? 플래토 효과는 특정한 단계까지 성공을 거두고 난 뒤에 찾아오는 정체나 슬럼프를 가리킵니다. 특히나 단기적인 성과를 목표로 전속력으로 달리던 사람의 경우 플래토 효과의 희생자가 되기 쉽습니다. 목표를 향해 나아가는 추진력이 리더에게는 필요한 자질임은 맞지만, 자신의 마음을 돌보지 않으면서 무작정 성과를 향해 돌진하는 것은 오히려 지속 가능한 성장을 가로막습니다. 리더는 당장의 성취를 향한 과도한 욕심을 내려놓고 자신과 조직이 도달하고자 하는 더 큰 목표를 생각하며 몸과 마음을 두루 관리할 줄 아는, 큰 그림을 보는 시선을 가져야 합니다. 목표를 향해 나아가는 과정에서 어떤 날은 이기는 날도 있고, 어떤 날은 지는 날도 있다는 사실을 겸허히 받아들일 줄 아는 여유가 있어야 하지요.

저는 기업의 법무실장으로 일하면서 많은 재판을 경험했습니다. 언제나 열심히 일했지만 결과가 늘 좋은 것은 아니었습니다. 회사의 잘못이 명백하거나 판사의 판단이 회사에 불리한 쪽으로 기울면 패소했습니다. 제 대응이 탁월하지 않을 때도 재판에서 이기지 못했습니다. 물론 기분 좋게 이기는 날도 있었지만요. 하지만 재판 결과가 나올 때마다 일희일비하기보다 최선을 다하되, 그때그때 주어지는 결과를 그대로 받아들이려고 노력했습니다. 그러고 나면 마음의 평정심을 유지하면서 흔들림 없이 제 역할을 해낼 수 있었으니까요. 특히 이런 자기 수용의 마음은 패배를 한 날 더 큰 효과를 발휘했습니다. 자신이 추진했던 일에서 고배를 마시면 마음이 쓰리고 아픈 것은 당연합니다. 하지만 거기에 너무 빠져 있으면 다시 일어나기 힘듭니다. 현실을 겸허히 받아들이고 휴식과 위안의 시간을 거친 뒤 다시 나아가기 위한 출발선에 서야 하지요. 심리학에서는 이를 두고 회복탄력성이 좋다고도 이야기합니다.

자기 마음을 돌볼 줄 알아야 유능한 리더다

자기 마음을 잘 돌볼 줄 알고 회복탄력성이 높은 리더가 진정으로 유능한 리더입니다. 자신의 마음을 잘 돌본다는 것은 자신을 잘 배려한다는 의미와도 상통합니다. 유능한 리더는 조직 구성원들의 상황을 배려할 뿐만 아니라 자기 자신도 돌봄의 대상으로 여깁니다. 저는 이를 두고 강연 등에서 '자기 눈치를 잘 볼 줄 알아야 한다'고 표현합니다. 눈치의 사전적 정의는 '남의 마음을 그때그때 상황으로 미뤄 알아내는 것'이긴 하지만, 우리는 남의 마음을 헤아리는 만큼 자기 마음도 잘 알아줘야 합니다. 리더라는 외로운 자리에 있다면 더더욱 그래야 합니다. 좋은 성과를 내는 리더들을 보면 대부분 눈치가 좋은 편입니다. 시장의 흐름을 미리 잘 읽어내서 블루 오션을 남들보다 잘 개척한다거나 함께 일하는 사람들의 눈치도 잘 살펴서 어려움을 해결해주고 사기를 북돋워주곤 합니다. 이런 눈치를 자신을 위해서도 쓰면 어떨까요?

자기 배려를 잘하는 리더는 겸손의 미덕을 발휘할 줄 압니다. 자신의 모자란 부분, 힘들어하는 부분을 스스로 잘 알아차리고, 또 컨트롤하려고 노력할 줄 안다는 것은 자신에 대해 성찰할 줄 안다는 의미입니다. 로마의 정치가 키케로Cicero는 "자리가 높아질수록 겸손함을 보여야 한다"고 일갈하며 리더의 덕목으로 겸손을 꼽았습니다. 겸손함과 실력의 상관관계를 보여주는 흥미로운 실험이 하나 있습니다. 미국 코넬대학교의 사회 심리학과 교수인 데이비드 더닝David Dunning은 제자인 저스틴 크루거Justin Kruger와 코넬대학교 학생들에게 시험을 치르게 한 뒤 그 결과를 자가 예측하게 했습니다. 그 결과, 시험에서 높은 성적을 거둔 학생들은 오히려 자신의 점수를 낮게 예측했고, 낮은 성적을 거둔 학생들은 반대로 자신의 점수를 높게 예측했습니다. 이와 같은 인지 편향의 오류를 두 사람의 이름을 따서 '더닝 크루거 효과Dunning-Kruger Effect'라고 부릅니다.

프랑스의 사상가 볼테르Voltaire는 "겸손은 오만의 해독제"라고 말했는데요. 오만과 독선, 아집을 내려놓고 일과 사람 앞에서 겸손해질 때, 리더는 심리적인 압박감에서 벗어날 수 있을 뿐만 아니라 목표를 성취하는 데 꼭 필요한 든든한 지원군을 더욱 많이 얻을 수 있습니다. 자신의 유약함과 부족함을 수용할 줄 아는 겸손한 리더는 그런 자신과 함께 일하며 목표를 향해 나아가는 구성원들에게 감사할 줄 압니다. 마음의 여유와 겸손한 태도 등 좋은 심리적 자질을 두루 갖춘 리더를 믿고 따르지 않을 사람들은 없을 테니까요. 다른 사람을 배려하는 만큼 자신을 배려하는 리더는 그로 인해 얻어지는 좋은 결과들로 인해 다시 또 조직 구성원들을 배려할 수 있는 동력이 생깁니다. 조직 내에서 이런 배려의 선순환이 일어나면 그 조직은 잘되지 않으려야 잘되지 않을 수 없습니다.

지금 지나친 성과와 실적의 압박으로 어려움을 겪고 있나요? 아랫사람들이 내 마음처럼 움직여주지 않는 것 같아서 화가 나고 짜증이 밀려드나요? 그렇다면 잠시 하던 일을 멈추고, 호흡을 고르며 나 자신과 내가 하는 일과 내가 이끄는 조직을 가만히 들여다보는 휴식과 대면의 시간을 가져보는 것은 어떨까요? 차안대를 쓴 경주마처럼 마냥 달려오기만 했던 자신과 조직의 구성원들에게, 그리고 나에게 그동안 정말 애썼다고, 진짜 수고했다고 위안의 말 한마디를 건네주는 것은 어떨까요? 배려의 정신이 꽃핀 조직 문화 속에서 비로소 팀원과 리더는 더불어 성장할 수 있음을 꼭 기억하기를 바랍니다.

第四章

開 개방 放

: 다양한 가치를 수용하는
혁신적인 태도

진솔함에
역량을 더하라

자신을 드러내는 일의
어려움

리더들이 자주 하는 말 중에 "내 방은 언제나 열려 있다"가 있습니다. 나는 언제나 개방되어 있으니 고민이 있거나 회사에 좋은 의견이 있으면 주저하지 말고 자유롭게 대화를 청하라는 메시지이지요. 저도 리더는 개방된 태도를 보여야 한다고 생각합니다. 그 대상이 팀원이든, 고객이든 말이지요. 리더는 자신의 존재를 자신 있게 노출할 수 있어야 합니다. 하지만 현실은 그러기가 쉽지 않습니다. 높은 자리에 있을수록 리더의 명함은 2가지 버전일 확률이 높습니다. 개인 핸드폰 번호가 적힌 버전과 회사 내선 번호만 적힌 버전입니다. 어떤 경우에는 개인 핸드폰 번호도 본인이 아닌 비서의 연락처이지요. 이렇게 리더는 개방성을 표방하면서도 자신을 노출하는 일에 매우 조심스럽습니다. 자기 사업을 하는 경우가 아니라면 더더욱 그렇습니다.

제 경험상 임원이 독자적으로 나서는 모습을 좋아하는 회사는 본 적이 없습니다. 냉정하게 말한다면 임원이라고 해도 회사에 고용된 직원일 뿐입니다. 다만 좀 더 높은 연봉과 권한이 주어진 직원이지요. 과거 르노 닛산을 경영했던 카를로스 곤Carlos Ghosn은 여러 성과를 냈지만, 자신의 이름을 회사보다 앞세운 나머지 조직 내부에서 큰 반발을 불러일으켰고, 결국은 가방 속에 숨어 일본을 탈출하는 도망자 신세가 되었습니다. 조직은 조용한 우등생을 좋아하지요. 저 역시 이런 생활을 24년이나 했더니 나중에는 퇴사하고 1인 기업의 대표로 일하면서도 제 책에 이메일 주소 하나를 쓰는 것도 고민이 되더군요. 늘 회사라는 큰 조직 뒤에서 일하다가 저를 드러내며 일해야 하다 보니 걱정되는 부분이 한둘이 아니었습니다.

하지만 지금까지 여러 권의 책을 쓰면서 개인 연락처를 공개한 결과, 제게 불편한 연락이나 스팸 등이 얼마나 왔을까요? 전체 연락 중 1%도 안 되더군요. 그저 기우였던 셈입니다. 페이스북 친구가 4,000명이 넘어도 역시나 불편한 DM 등이 지금껏 거의 없었습니다. 오랫동안 월급쟁이 생활을 했던 저로서는 노출의 두려움이 있었지만, 막상 개인 연락처를 개방하고 보니 걱정했던 일들은 일어나지 않았지요. 그래서 저는 조직에 몸을 담고 있든, 개인 사업을 하든, 자신을 드러내는 것을 주저하지 말라고 권합니다. 만일 그렇게 해서 자신을 불편하게 만드는 연락이 온다면 그것을 원만하게 거절하는 것도 리더가 배워야 하는 소프트 스킬입니다. 그러니 조직을 이끄는 리더이거나 1인 기업의 대표라면 절대 숨지 마시고 방문을 활짝 열기를 권합니다.

손해를 감수하고서라도
리더가 개방성을 갖춰야 하는 이유

리더들이 말로는 자신이 열려 있다고 하면서도 실제로는 개방이 두려운 이유가 무엇일까요? 여러 이유가 있겠습니다만, 저는 '리더다움'에 대한 오해 때문이 아닐까 싶습니다. 약해 보이지 않아야 한다는 생각이지요. 조직 내에서 성공한 사람들의 공통점 중 하나는 대체로 '포커페이스'입니다. 겉만 봐서는 속으로 무슨 생각을 하는지 알 수 없다는 것이지요. 속내를 들키는 순간, 경쟁 상대에게는 패를 들킬 우려가 있고, 아랫사람들에게는 나약한 모습을 보여줄 수도 있을 테니까요. 저도 그런 적이 많습니다. 상사로부터 꾸지람을 들었을 때 팀원들에게 별일 아니라는 시그널을 주기 위해 담담하게 행동한 적도 있고(속은 다 타서 재도 안 남은 상황이었지요), 외부에서 일이 안 풀려도 리더답게 보이려고 오히려 과감하게 행동한 적이 있었습니다(이러다 일이 잘못되면 어쩌나 하고 간은 콩알만 해져 있었지만요). 하지만 시간이 지나고 보니 '적절한 솔직함'이 리더십 발휘에는 오히려 더 효과적이었습니다. 리더가 고민하는 모습을 보이면 충직한 팀원은 그 고민을 함께 풀려고 노력합니다. 그러다 보면 집단 지성의 힘으로 해결책이 나오기도 하지요. 리더가 진솔하게 고충을 토로하면 진심으로 따르는 팀원은 리더의 고민을 자신의 고민인 양 여기며 궁즉통窮則通의 마음으로 같이 노력합니다.

요즘 'ESG'가 한창 유행입니다. ESG는 앞서 여러 번 언급한 바와 같이 환경(E), 사회적 책임(S), 지배 구조 개선(G) 등을 고려하여 지속 가능한 발전을 지향하는 경영 활동을 의미합니다. 저도 현재 연세대학교 일반대학원 겸임 교수로 재직하면서 ESG와 지속 가능 리더십을 강의 중입니다. 지속 가능 리더십이란 투명하고 공정한 리더십을 가리킵니다. 'ESG'는 원래 'SEE'였습니다. 'S(사회)'와 'E(환경)'는 동일했고, 처음에는 'G(지배 구조)' 대신 '윤리Ethical'가 있었지요. 그런데 기업들이 윤리적이지 못하다 보니 아예 지배 구조 개선을 핵심 키워드로 내세워 기업이 제도 안에서 의사 결정의 투명성과 공정성을 담보하도록 했습니다.

하지만 한 기업이 ESG 경영을 제대로 하고 있는지 판단할 때 윤리적 요소를 고려하는 측면이 여전히 강합니다. 특히 리더가 얼마나 투명하게 의사 결정을 하고 언행일치를 보이는지는 ESG의 핵심 요소입니다. 기업이 환경적·사회적 책임을 수행하게 만드는 주체는 결국 리더이기 때문이지요. 리더의 개방성은 ESG와도 밀접한 관계가 있습니다. 조직 내부에서 이뤄지는 활동을 외부로 개방하게 되면 투명해지고 공정해질 수밖에 없기 때문이지요. 리더가 '신독(愼獨, 홀로 있을 때도 도리에 어긋나는 행동을 하지 않음)'을 실천하고 '내로남불' 하지 않으려면 조직 내부에서 자신이 행하는 모든 공적인 활동을 개방해야 합니다.

미국의 기업인 워런 버핏Warren Buffett의 '신문 테스트Newspaper Test'는 리더에게 간단하지만 중요한 지침을 제공합니다. 그는 한 대학교에서 학생들과 함께 빌 게이츠와의 대담을 진행했는데요. 그 자리에 참석한 한 학생이 버핏에게 이렇게 물었습니다. "당신은 그 많은 버크셔 해서웨이 직원들을 어떻게 관리하나요?" 버핏은 이렇게 대답했습니다. "지방에서 근무하던 한 직원이 '어떤 일'을 했습니다. 그 직원을 아주 싫어하는 매우 똑똑한 기자가 '어떤 일'을 알게 되었지요. 기자는 그 일을 다음 날 신문에 크게 기사로 내보냈습니다. 그때 그 기사를 보고 가족과 주변에서 별문제가 없다고 생각한다면 회사에서는 그 행동을 문제삼지 않고 용인할 것입니다." 다시 말해 신문 1면에 나도 떳떳하고 당당한 일을 하면 윤리적으로 큰 문제가 없다는 뜻입니다.

'선별적 개방'이 아닌
'전면적 개방'을 해야 한다

리더가 개방성을 갖춘다는 것은 기꺼이 주변의 피드백을 감수하겠다는 각오와 같습니다. 제가 경험한 바에 따르면 조직에서 리더의 자리에 올랐을 때 가장 좋은 점은 '선택의 폭'이 넓다는 것이었습니다. 저는 1991년에 직장생활을 시작했습니다. 그후 사원, 계장, 대리, 과장, 차장, 부장, 이사대우, 부상무, 상무까지 9개 직급을 하나도 거르지 않고 한 칸씩 밟아 올라갔습니다.

1991년 사원으로 시작해서 2007년 이사대우로 임원을 달았으니 평균 3년에 한 번씩 승진을 한 셈이지요. 임원이 되기 직전에는 미국에서 MBA와 로스쿨 과정을 밟았으니 더욱 정확하게 따지면 14년간 6개 직급을 올라간 셈입니다. 그렇게 직급이 바뀌는 동안 제가 담당하는 업무도, 대우도 달라졌습니다. 하지만 체감했던 가장 큰 변화는 제게 주어진 선택의 권한이 점점 늘어난 것입니다. 직원 선발부터 회식 메뉴, 자리 배치, 회의 일정 등 제가 원하는 대로 할 수 있는 것들이 많아졌습니다. 쓴소리는 안 듣고 듣기 좋은 말만 들을 수 있는 자유도 점점 커졌고요.

그런데 이렇게 선택의 자유가 생기니 저도 모르게 선별적 개방을 하게 되더군요. 제게 듣기 좋은 이야기만 하고, 싫은 소리는 삼가는 팀원들 혹은 동료들만 가까이하게 되었습니다. 귀가 닫히고 눈이 감겼습니다. 프랑스의 황제였던 보나파르트 나폴레옹Bonaparte Napoléon이 부하들에게 "나는 칭찬을 싫어하니 내게 칭찬을 하지 말라"고 말하자, 부하 중 한 명이 "제가 그래서 장군님을 존경합니다"라고 했답니다. 그 말을 들은 나폴레옹이 흐뭇해했음은 물론이고요. '예스맨'을 넘어서 옆에 두면 기분이 좋아지는 '해피맨'만 가까이하게 되는 것은 동서고금을 막론한 인지상정인가 봅니다. 하지만 진정한 리더라면 선별적 개방이 아닌 전면적 개방이라는 불편한 선택을 기꺼이 해야 합니다. 문을 열어놓으면 각양각색의 사람들이 드나들기 마련입니다. 그 가운데에는 나를 행복하게 해주는 사람이 있는가 하면, 나를 불편하게 하는 사람도 있습니다. 그런데 나를 불편하게 해주는 사람 중에 나를 성장시키고 자극시키는 사람이 존재합니다.

개방형 리더라고 하면 저는 현대자동차그룹의 정몽구 회장님이 떠오릅니다. 정몽구 회장님은 사장은 3가지 부류가 있다고 말씀했습니다. 첫 번째 부류는 좋은 일만 가지고 오는 사장, 두 번째 부류는 안 좋은 일만 가지고 오는 사장, 세 번째는 둘 다 들고 오는 사장이라고요. 그런데 첫 번째 부류의 사장이 얼굴을 보이지 않으면 '안 좋은 일이 많나 보네' 하는 생각이 들고, 두 번째 부류의 사장이 얼굴을 보이지 않으면 '좋은 일만 가져와서 칭찬만 받으려고 하나 보네' 하는 생각이 들더랍니다. 결국 가장 좋은 사장은 회사에 좋은 일이든 안 좋은 일이든 모두 솔직하게 전하는 사장이라는 말씀이었지요. 어떤 소식을 가져와도 함께 논의하고 이야기를 들어주셨던 정몽구 회장님이야말로 진정한 개방형 리더라는 생각이 들었습니다.

진솔함에 역량이 더해져야
진정한 개방형 리더

개방형 리더가 되기 위해서는 '진솔함'만으로는 충분하지 않습니다. '역량'이 뒤따라야 합니다. 격의 없이 아랫사람들이 제기하는 문제점들을 모두 들어준다고 해서 그것만으로는 조직이 성장하지는 않기 때문입니다. 문제를 파악했다면 그것을 해결해야 발전이 이어지는 법이니까요. 구글의 창업주 래리 페이지 Larry Page는 1999년 'TGIF'라는 전사 공개 회의 체제를 만들었습니다. 회사 규모가 점점 커진 후에는 사전 질문 시스템인 '도리 Dory'를 만들어 직원들의 질문을 수렴하고 답변을 듣는 방식으로 진화시켰지요. 이 전통은 지금까지도 계속 이어져서 구글 임직원들이 개방성이라는 가치를 통해 비전을 공유하고, 주인의식과 호기심을 가지고 모험적인 시도를 하며 협업해나가는 구글 특유의 DNA를 유지하게 해줬습니다.

그런데 최근 현재 구글 CEO인 순다르 피차이 Sundar Pichai의 리더십에 의문을 제기하는 사람들이 많아졌습니다. 그 역시 직원들과 격의 없는 소통을 하는 것으로 유명합니다. 하지만 그의 지나친 신중함과 우유부단함으로 인해 막상 장벽 없는 공론의 장이 만들어지고 여러 의견이 나와도 조직 내부의 목소리를 수용한 결정들이 빠르게 이뤄지지 못하는 중이라고 합니다. 그 결과, 구글이 성장 동력을 잃어가고 있을 뿐만 아니라 인재들이 이탈하는 현상이 벌어지고 있다고 많은 비난이 쏟아졌지요. 즉, 리더의 개방적인 태도가 조직의 성공으로 이어지기 위해서는 반드시 리더의 역량이 뒤따라야 합니다. 개방의 목적도 명확해야 합니다. 즉, 어떤 피드백을 듣고자 하는 것인지 그 목적을 정확히 밝혀야 합니다.

래리 킹Larry King이라는 미국의 토크 쇼 진행자가 있습니다. 그는 대학도 나오지 않았지만 '대화의 신'이라고 불릴 정도로 대통령, 운동선수, 셀럽 등 내로라하는 인물들과 격의 없는 대화를 풀어나갔던 인물입니다. 그는 〈워싱턴 포스트〉로부터 '비단 천이 깔린 안락한 의자'라는 극찬을 들을 만큼 편안하고 물 흐르는 듯한 진행과 인터뷰로 명성이 자자했는데, 그 비결은 권위를 내세우지 않고, 지나치게 계산적으로 질문을 준비하지 않았으며, 늘 쉽고 편안한 말로 상대를 대했기 때문입니다. 그는 조직을 운영하는 리더는 아니었지만, 그의 화법과 태도는 리더가 다른 사람의 말을 듣고 피드백할 때 어때야 하는지에 대한 인사이트를 던져줍니다.

역량을 갖춘 개방적인 리더가 되기 위해서는 늘 준비가 되어 있어야 합니다. 자신에게 누가 언제든지 무엇을 질문하고 요구해도 늘 들을 준비가 되어 있어야 합니다. 그뿐만 아니라 생산적인 대답을 건네줄 역량도 준비되어 있어야 하지요. 조금 뚱딴지 같은 비유일지 모르겠습니다만, 저는 24시간 문을 여는데 언제가도 맛있는 국물이 가득 담긴 국밥 한 그릇을 뚝딱 내놓는 한국 식당에서 준비된 개방성에 대한 통찰을 얻었습니다. 그동안 해외에서 공부를 몇 년 하고 미국 변호사로서 전 세계 수많은 나라를 다녀봤지만, 브레이크 타임 없이 식당 문을 늘 열어놓는 곳은 한국뿐인 듯했습니다. 언제든지 손님이 들어가서 같은 품질의 밥을 먹을 수 있는 식당이 흔한 나라는 한국밖에 없는 것 같더군요. 특히 노포들이 그러한데요. 손님이 언제 찾아와도 같은 농도의 맛있는 국물을 대접할 수 있다는 것은 진한 국물 농도를 유지하는 그 가게만의 노하우가 있다는 뜻일 겁니다. 언제든 준비되어 있으면 개방할 수 있습니다.

리더의 말하기는
원칙이 있어야 한다

말하기, 리더에게 꼭 필요한
소프트 스킬

개방은 문을 연다는 뜻입니다. 문을 열면 흐름이 생깁니다. 흐른다는 것은 막히지 않고 통한다는 뜻이지요. 즉, 개방은 곧 소통입니다. 리더는 소통의 원칙을 반드시 숙지해 평생의 소프트 스킬로 체화해야 합니다. 워런 버핏은 리더의 말하기에 대해 통찰력 있는 이야기를 했습니다. "IQ가 200인 사람이 돋보이는 것이 아닙니다. 사람들 앞에서 말하는 것이 편한 사람이 눈에 띌 것입니다. 대중 연설 능력이 있는 사람은 앞으로 50~60년간 살아남을 것이고, 타인 앞에서 말하는 것을 싫어하는 사람은 골칫거리를 떠안게 될 것입니다."

리더가 말을 잘해야 함은 동서고금의 진리입니다. 리더는 어떻게 말을 해야 할까요? 요즘은 말로 소통하려고 하기보다는 문자나 카카오톡 같은 메신저, 또는 메일로 대화하는 것을 선호한다고 합니다. MZ 세대뿐만 아니라 기성세대들도 그런 분위기입니다. 하지만 많은 리더십 교과서에는 리더라면 말을 잘해야 한다는 이야기는 있어도, 활자로 소통을 잘해야 한다는 이야기는 없습니다. 2017년 미국 코넬대학교 사회 심리학과 교수 바네사 본스Vanessa Bohns의 연구팀은 누군가를 설득할 때 이메일로 이야기를 하는 것보다는 대면해서 말하는 것이 효과가 34배나 높다고 발표했습니다.

저는 2020년 LG그룹에서 말하기 컨설팅을 진행했습니다. 당시 이뤄진 컨설팅은 리더와 예비 리더 두 그룹을 대상으로 각각 어떻게 말하기를 하면 좋을지 '말하기 원칙'을 만들고 이를 내재화하는 프로젝트였습니다. 이 컨설팅을 바탕으로 후에 《문성후 박사의 말하기 원칙》이라는 책을 출간하기도 했지요. 그 가운데 리더가 꼭 명심해야 할 말하기 원칙을 두 꼭지에 걸쳐 정리했습니다. 이어지는 내용은 전작에 담은 내용을 조금 더 압축적으로 요약한 것입니다.

리더는 준비된 말하기를
해야 한다

리더는 여러 측면에서 준비가 되어 있어야 하는 사람입니다. 임기응변이 때로는 조직 경영에 도움이 될 때도 있겠지만 대체로 순발력은 준비와 연습을 이기지 못합니다. 말하기도 똑같습니다. 즉흥적으로 말하는 것은 준비 운동 없이 물속에 다이빙하는 것과 같습니다. 아무리 청산유수같이 말을 뽑아낸다고 해도 '생각나는 대로 혹은 생각 없이 말하는 사람'은 말을 못하는 사람입니다. 어느 정치인이 그러더군요. 본인이 밖으로 모습을 드러내는 순간, 기자들이 인터뷰를 하기 위해 대기하고 있을 것이기 때문에 문을 열고 나가기 전에 꼭 무슨 메시지를 전할지 연습을 하고 준비한 뒤 나선다고요.

이처럼 리더는 말을 하기 전에 준비하는 태도를 장착해야 합니다. 말하고자 하는 핵심 주제를 확실하게 고정해둬야 합니다. '어, 내가 무슨 말을 하다가 여기까지 왔지? 내가 어디까지 얘기했지?'라고 자문하는 것은 아마추어적인 태도입니다. 소통을 잘하려면 리더는 전달하고자 하는 메시지가 또렷해야 합니다. 핵심 메시지가 튼튼하게 서 있으면 그다음부터는 그 메시지를 뒷받침하는 적절한 예시나 경험담, 비유를 통해 주제에 살을 붙이면 됩니다. 그러면 더욱 풍성한 들을 거리가 생기겠지요. 리더는 자신이 전달하고자 하는 메시지를 더욱 멋들어지게 해줄 장식들을 평소 자신의 '말창고'에 잘 넣어두는 것이 좋습니다. 우연히 좋은 아이디어가 떠올랐을 때, 독서를 하며 좋은 구절을 읽었을 때, 어떤 경험을 하고 느낀 바가 있었을 때 노트나 핸드폰 메모장 등에 기록해두길 바랍니다. 저는 저에게 카카오톡 메시지를 보내는 방법으로 말창고를 채우는 습관이 있습니다.

영국 뱅거대학교 언어학과 교수이자 세계적인 언어학자인 데이비드 크리스털David Crystal은 자신의 저서 《힘 있는 말하기》에서 말하기의 순서와 원칙을 이렇게 정리했습니다.

> ① **착상**(Inventio, 인벤티오): 말하고 싶은 것을 골라라.
>
> ② **배열**(Dispositio, 디스포시티오): 어떤 순서로 말할 것인지 정하라.
>
> ③ **표현**(Elocutio, 엘로쿠티오): 어떤 식으로 말할 것인지 선택하라.
>
> ④ **암기**(Memoria, 메모리아): 말하고 싶은 것을 모두 외워라.
>
> ⑤ **발표**(Pronuntiatio, 프로눈티아티오): 이제 말하라.

리더는 작게는 건배사부터 크게는 대중 연설까지 사람들 앞에서 말할 기회가 자의 반 타의 반으로 많습니다. 그때마다 크리스털이 제시한 순서대로 기본을 지키면서 말하기를 준비하기를 권합니다. 사람들은 리더가 던지는 메시지 자체에도 귀를 기울이지만, 그 자리에서 그 말을 하기까지 얼마나 성실히 준비했는지도 주시합니다. 그 준비 과정을 일일이 보지 않았더라도 말할 때의 태도 등을 보면 얼마나 많이 준비했는지가 드러나기 마련이니까요.

무례한 말하기로
호감을 갉아먹지 마라

제가 말하기를 주제로 강연할 때 가장 강조하는 포인트가 있습니다. '득점보다 실점에 신경을 써라.' 리더는 윗자리에 있는 사람입니다. 그러다 보니 존대보다 내려 말하기가 익숙합니다. 그런데 리더가 말을 내려 버릇하면 어느 순간 무례함으로 이어질 수 있습니다. 사실 이 무례함에 대한 감각이 개인마다 천차만별입니다. 제가 LG그룹에서 강의할 때의 일입니다. 한 신입사원이 손을 들고 제게 묻더군요. "강사님, 저희 팀장님이 제게 반말을 하시는데 어떻게 대응해야 합니까?" 다른 수업에서는 한 팀 장급이 제게 이런 질문을 하더군요. "저는 아랫사람에게 말을 놓기가 싫은데 팀원이 자꾸 말을 편히 놓으라고 해서 참 곤란하네요. 좋은 방법이 없을까요?" 제가 직장생활을 하던 때에는 윗사람이 아랫사람에게 반말을 트는 것이 일종의 친근함의 표현이자 내 식구로 인정한다는 의미로 여겨지기도 했습니다. 하지만 요즘은 분위기가 많이 달라졌습니다. 물론 기업 문화나 개인의 성격에 따라 여전히 반말을 친근함으로 여기기도 하겠지만, 이제는 위계를 불문하고 상호 협의 없이 쉽게 말을 놓으면 무례한 리더로 보이기 딱 좋습니다.

무례한 말하기는 5종 세트가 있습니다. '말 자르기, 말 뒤집기, 말문 막기, 말 돌리기, 말꼬리 잡기'입니다. "아, 됐고"라며 말을 자르거나, "내가 언제"라며 말을 뒤집거나, "그만해"라며 말문을 막는 것 모두 무례한 말하기입니다. "그나저나", "어쨌든" 하면서 말을 돌리거나 말꼬리를 붙잡고 늘어지는 것도 무례한 말하기입니다. 프랑스의 철학자 클로드 아드리앵 엘베시우스Claude Adrien Helvétius는 "용납될 수 없는 것은 무지가 아니라 무례함이다"라는 말을 남겼습니다. 모르는 것은 배우면 되지만 무례함으로 인한 인간적인 실망은 회복이 어렵습니다. 말은 이기는 것이 아니고 나누는 것입니다. 즉, 대화 상대와 내가 같은 편이 되어야 합니다. 그런데 말에서는 이기고, 마음에서 진 경우를 저는 주변에서 많이 봤습니다. 리더는 가진 것이 많은 사람이니 다른 사람들을 말로 누르려 들지 말아야 합니다. 말본새가 험한 리더는 폭군으로 보입니다.

술을 잘 먹는 사람들이 갑자기 술병病에 걸리는 경우가 있습니다. 운전을 잘한다고 자랑하던 사람들이 큰 교통사고를 겪기도 하고요. 말도 그렇습니다. 스스로 말을 못한다고 생각하는 사람들은 말실수를 적게 합니다. 말을 못한다고 생각하기 때문에 잘 안 하다 보니 그렇습니다. 말을 하더라도 조심해서 하니 실수가 덜합니다. 말실수는 말에 자신 있는 사람, 소위 '말발이 센' 사람들이 더 자주 합니다. 말을 잘하는 것은 때때로 승승장구하는 힘으로 작용합니다. 말 한마디로 좌중을 압도하고 분위기를 주도하고 사람들의 인기도 얻을 수 있으니 말은 참 편리한 도구임이 틀림없습니다. 그런데 이 말 때문에 패가망신하고, 자리에서 물러나고, 주변 사람들을 잃는 경우가 허다합니다. 그런 사람들의 특징은 평소에 스스로 말을 잘한다고 생각하는 달변가인 경우가 많습니다.

저는 직업상 말을 많이 합니다만, 말을 한다는 것은 정말 기가 빠지는 일입니다. 혹여나 실수는 하지 않을지, 제 말로 누군가가 상처를 받지는 않을지 등을 생각하며 늘 의식하고 긴장된 상태로 말하기 때문이지요. 그런 맥락에서 강의할 때 저는 단어 하나도 고심해서 선택해 발언합니다. 그리고 듣는 사람이 오해할 만한 말은 하지 않으려고 노력합니다. 한국은 사람들 간의 의사소통이나 인간관계에 있어서 상대방이 제시한 내용 자체보다는 맥락이나 배경에 더 큰 비중을 두는 고맥락 사회입니다. 그래서 말을 액면 그대로 받아들이기보다는 그 뒤에 숨은 뜻을 알아차리려고 애쓰는 경향이 짙습니다. 말투나 태도로 인해 말의 본뜻이 변질되어 전달되기 쉽다는 의미입니다. 이런 이유로 될 수 있으면 저는 제 말의 의미가 왜곡되지 않도록 말의 내용과 태도를 일치시키려고 노력합니다.

마지막으로 무례한 말하기를 피하려면 말실수를 했을 경우 즉각 그 자리에서 구체적으로 사과해야 합니다. 그냥 "미안하다"고 사과할 것이 아니라 어떤 지점에서 말실수했는지, 왜 그렇게 말했는지 등을 자세하게 해명하거나 동의를 구하거나 양해를 청해야 하지요. 말실수는 리더들이 범하기 참 쉬운 과오입니다. 다들 리더의 말을 그냥 듣고만 있는 것 같지만 듣고 나서 저마다의 방식대로 해석합니다. 어떤 말에 대한 대다수의 해석이 (좋은 방향으로) 동일하다면 그 말은 힘을 가집니다. 사람들의 마음을 움직인 것이지요. 하지만 그 반대의 경우라면 그것은 설화舌禍로 이어집니다. 서울교통공사, 인천교통공사 등 몇몇 공공 기관은 최근 직원들에게 녹음 기능이 있는 신분증을 나눠 줬다고 합니다. 악성 민원인들의 폭언으로부터 직원을 보호하려는 조치지만, 그만큼 서로 말조심을 하라는 의미도 있겠지요. 요즘에는 기술의 발달로 녹취, 녹화 등이 어렵지 않습니다. 늘 말과 품행을 바르게 유지해야 합니다. 만일 할 말이 없다면 억지로 말을 짜낼 필요가 없습니다. 말을 억지로 짜내다 보면 무리수를 두게됩니다.

효율적인 소통은
'질문'에서 시작된다

리더가 되면 아무래도 일방적인 말하기를 많이 하게 됩니다. 리더의 역할이 지시하거나 명령하거나 업무를 재촉하는 것이다 보니 그럴 수밖에요. 또 자기도 모르게 말이 많아지기도 합니다. 말이 '자가 발전Self-Escalation'을 하기 때문입니다. 쉽게 말하자면 '꼬리에 꼬리를 무는 말하기'가 되기에 십상입니다. 사람들이 입을 안 떼니 리더인 자신이라도 말을 해야 할 것 같아서 말문을 열었는데, 막상 말을 하다 보니 내 말이 괜찮은 것 같고, 사람들도 잘 들어주는 것 같고, 이왕 시작한 말이니 대강 끝맺으면 안 될 것 같아서 일장 연설을 하게 되는 것이지요.

하지만 현명한 리더는 긴말을 늘어놓기보다 현명한 '질문'을 던져 아랫사람에게 말할 기회를 넘겨줄 줄 압니다. 질문은 길고 재미없이 이어지는 말을 제동하는 브레이크입니다. 이는 미국의 심리학 박사인 제니퍼 앨리슨Jennifer Alison이 《나는 왜 말하는 게 힘들까》에서 제안한 방법이기도 합니다. 어떠한 상황에서든 본인이 한 가지 특정한 주제에 관해 너무 많은 이야기를 한다거나 끝없이 이야기하고 있다는 생각이 든다면 얼른 결론을 내리고 다른 사람에게 궁금한 점을 물어보라는 것입니다. 그러면 다른 사람이 그 질문에 답을 하는 동안 자가 발전하며 말하던 자신을 진정시킬 수 있다고 합니다. 앨리슨이 제시한 이 방법은 말을 할 때 불안함을 느끼는 사람들을 위한 처방이었지만, 말이 길어져서 내가 무슨 말을 하는지 모르겠는 상황을 종료시키는 탁월한 방법이기도 합니다. 여기에 리더가 질문을 하면 경청하는 리더, 겸손한 리더, 민주적인 리더, 호기심이 많은 리더로 보인다는 장점도 따라옵니다.

최근 MZ 세대와의 소통이 리더들에게 큰 과제로 부여되었습니다. MZ 세대의 스펙트럼이 워낙 넓어서 40대 초반까지도 아우르곤 하는데, 이들 중에서도 20대 후반~30대 초반 직원들은 분명히 기성세대와는 다른 성향을 보인다고 합니다. 여기서 퀴즈 하나를 내겠습니다. 이들이 가장 아까워하는 것은 무엇일까요? 돈일까요? 틀렸습니다. '내 시간'입니다. 이들은 누군가가 자신의 시간을 빼앗는 것을 제일 싫어한답니다. 따라서 이들과 원만히 소통하고자 한다면 리더들은 일장 연설을 하지 말아야 합니다. 제 경험상 말은 '내가 할 말을 다 못 해서 조금 아쉽다' 하는 정도에서 멈추는 것이 가장 좋습니다. 본인이 그렇게 느낀다면 대개 할 말은 다 한 상황입니다. 무엇이든 적당히 아쉬울 때 멈출 줄 알아야 합니다. 물론 말의 내용에 따라 적절한 조절은 필수입니다. 업무 설명이나 지시라면 상세하게 해주는 것이 좋겠지요. 거래나 보상에 관한 내용이라면 명확해야 하고요.

자기계발 분야의 전문가 데일 카네기Dale Carnegie는 절대 추상적으로 말하지 말라고 조언했습니다. 말을 할 때는 구체적인 사례와 일반적인 서술이 규칙적으로 반복되어야 한다고도 했지요. 리더의 말하기는 정확하고 구체적이어야 합니다. 하지만 이러한 말하기도 질적인 측면에서 디테일과 정확성을 가지라는 의미이지, 장황하게 말하라는 의미는 아닙니다. 핵심만 말하고 오히려 질문을 받는 것이 좋습니다. 프랑스의 철학자이자 수학자인 블레즈 파스칼Blaise Pascal은 "지나친 것들은 전혀 없는 것과 같다"라고 말했습니다. '지나치면 아니함만 못하다'와 상통하는 말입니다. 장황하고 요점 없는 말로 팀원들의 시간을 절대 빼앗지 말기를 바랍니다. 효율적인 소통은 리더가 추구해야 하는 중요한 말하기의 원칙입니다.

리더는 말을 할 때 말의 속도나 어조 등 내용 외적인 부분도 신경을 써야 합니다. 프랑스 리옹대학교의 교수이자 진화 언어학자인 프랑수아 펠레그리노François Pellegrino의 연구에 따르면 전 세계 17개국의 언어를 비교한 결과, 정보 전달의 효율은 말의 속도와 관련이 없었다고 합니다. 빨리 말하나 느리게 말하나 상대에게 전달되는 정보에는 차이가 없더라는 말이지요. 하지만 말을 빠르게 하면 속도감은 있지만 듣는 사람을 몰아붙이는 인상을 줄 수 있습니다. 반대로 말을 느리게 하면 자상하게 들리기는 하지만 듣는 사람이 답답합니다. 우리가 대화할 때는 내용만큼 비언어적인 요소의 영향도 많이 받는다고 합니다. 팀원들의 마음에 가닿는 진솔한 말하기를 하고 싶다면 자신의 말하는 모습이 어떠한지 주변의 피드백을 적극적으로 받아 고쳐야 할 부분은 고쳐나가야 합니다.

미국 영화배우 톰 크루즈Tom Cruise는 외국에서 기자 회견을 할 때 통역을 배려하는 것으로 유명합니다. 자신의 말이 너무 길면 통역사가 번역하는 데 어려움이 있다고 생각해서 자신의 말을 중간에 끊고 통역사에게 통역할 기회를 먼저 주곤 합니다. 리더의 말하기에도 이런 배려의 자세가 필요합니다. 리더가 말을 하는 태도가 전하고자 하는 메시지까지도 지배하기 때문입니다. 준비된 자세로 정확하고 효율적인 소통을 하면서 듣는 이를 배려하는 리더의 말에 귀를 기울이지 않을 사람은 없을 것입니다. 좋은 태도는 가장 강력한 리더의 말하기 원칙임을 기억하기를 바랍니다.

리더는 안락한
소파여야 한다

조직을 얼어붙게 만드는
공포의 리더십

미국 하버드대학교 경영대학원의 종신 교수인 에이미 에드먼
슨에 따르면 사람은 자기 생각, 질문, 걱정 등을 자유롭고 솔직
하게 말할 수 있는 환경에서 '심리적 안전감Psychological Safety'을
느낀다고 합니다. 리더는 팀원들이 창의적이고 진솔한 의견을
나눌 수 있는 일터를 만들어야 하는 사람입니다. 팀원들이 심리
적 안전감을 바탕으로 건강하고 행복하게 성과를 올리고 상호
소통할 수 있도록 돕는 조력자가 되어야 하지요. 조직 내부의 심

리적 안전감은 결국 안전한 리더로부터 비롯됩니다. 지금은 사회적 분위기가 많이 달라진 것으로 알고 있습니다만, 예전에는 권위적인 리더십을 가진 리더들이 적지 않았습니다. 호통을 치는 일은 예사고, 심지어 물건을 집어 던지는 리더들도 있었지요. 저도 예전에 화가 잔뜩 난 상사가 서류 파일을 내던지는 바람에 황급히 몸을 피했던 기억이 있습니다. 무척 불안했고 무서웠지요. 심리적 안전감이 아닌 심리적 공포감을 주며 리더가 아닌, 보스로 나서는 상사들이 많던 시절의 이야기입니다.

공포심을 비롯해 동물의 감정 회로와 관련하여 에스토니아의 신경 과학자 자크 판크세프Jaak Panksepp가 진행했던 실험은 인상적입니다. 그는 쥐가 모여 노는 곳에 고양이 털을 넣은 후 쥐들이 즉시 놀기를 멈추는 것을 보고 고양이 털을 꺼냈습니다. 하지만 고양이 털이 사라졌음에도 불구하고 쥐들이 더 이상 활발하게 놀지 않는 모습을 발견했지요. 공포를 조장하는 리더는 직원들에게 '고양이 털'과 같은 존재입니다. 리더가 작은 잘못에도 심하게 화를 낸다거나 꾸짖는다면 불안함에 휩싸인 직원들은 더는 창의적인 아이디어를 제시하지 못합니다. 심리적으로 위축되는 것이지요. '공포의 리더십'으로는 조직을 생산적으로 이끌 수 없습니다. 여기에 열등감이나 경쟁의식 등까지 결합된 리더라면 어떤 직원이 그 리더와 소통을 하고 싶을까요.

좋은 리더는 맞서야 할 때와 물러서야 할 때를 구분한다

리더가 조직의 구성원들에게 심리적 안전감을 주려면 본인 스스로가 안전감을 느끼는 상태여야 합니다. 그래야만 자신의 팀을 위협하는, 말도 안 되는 외압으로부터 배짱도 부리면서 조직 구성원들을 보호해줄 수도 있고, 때로는 직원들의 실수를 넉넉한 품으로 감싸주는 포용력도 발휘할 수 있습니다. 제가 오랫동안 직장생활을 해보니 리더는 조직 안에 포함된 사람이지만, 때에 따라서는 그 조직에 반기를 들어야 하는 용기 있는 순간도 필요하더군요. 조직이 잘못을 저지를 때도 적지 않기 때문입니다. 그런데 자기 생각이 옳다는 믿음으로 리더가 조직의 결정에 무조건적 대항만 할 경우, 팀원들이 불안해할 수도 있다는 사실을 기억해야 합니다. 리더 자신의 소신을 위해 팀원과 팀 전체를 걸고 조직과 싸우고 있지는 않은지 되돌아봐야 하지요.

가끔 무용담처럼 조직을 이겨먹은 이야기를 하는 리더를 보곤 하는데, 그런 리더 중에 아주 높은 자리까지 간 사람을 본 적이 없습니다. 리더가 자기 소신을 지니는 자세는 필요합니다만, 조직은 기본적으로 자신에게 충성을 다하며 성실히 일하는 사람을 좋아합니다. 앞에서도 이야기했지만 '조용한 우등생'을 편애하지요. 자신의 소신을 지키면서도 조직과 불화하지 않는 유연함을 발휘해야 하는 것은 리더의 역할이 쉽지 않은 이유 중 하나입니다. 즉, 리더는 자신이 속한 조직과 견해가 다를 때 무조건적으로 대항하는 자세를 취할 것이 아니라 건설적인 태도로 합의점을 제시할 줄 알아야 합니다. 그래야만 조직 입장에서는 그 리더를 조직을 위해 쓴소리도 마다하지 않는 충직한 사람으로 여길 것입니다. 그리고 함께 일하는 팀원들은 리더의 태도로 인해 자기가 속한 팀이 조직의 미움을 사서 처벌을 받을 것이라는 두려움으로부터 자유로워질 것입니다. 그렇게 중용과 조율의 미덕을 발휘하기에 조직의 선택이 자신의 소신과 너무 어긋난다면 차라리 직을 내려놓고 물러나는 편이 팀원들을 진정으로 생각하는 자세입니다. 이와 같은 리더의 냉정한 현실 인식과 건강한 승부 정신은 팀원들에게 안전감과 리더에 대한 믿음을 선사합니다.

자신을 낮추는 리더가
팀원들에게 심리적 안전감을 제공한다

리더가 팀원들에게 심리적 안전감을 제공하는 방법에는 구체적으로 무엇이 있을까요? 저는 자신을 낮추는 태도를 제안하고 싶습니다. 리더는 여러 가지 면에서 자신을 낮추는 태도를 보여줄 수 있습니다. 가령, 말하기를 예로 들어보겠습니다. 리더가 팀원에게 말을 할 때는 '아이 메시지I-Message'를 활용하면 좋습니다. 상대를 탓하는 말하기가 아니라 나를 주어로 해서 자기 생각과 감정을 솔직하게 표현하는 방법이지요. 어떤 팀원이 리더의 지시 사항을 잘못 이해해서 거래처에 정보를 잘못 전달했다고 칩시다. 이미 이 상황만으로도 팀원은 심리적으로 매우 위축된 상태일 것입니다. 이때 '유 메시지You-Message'로 말하는 리더라면 이렇게 꾸짖었을 것입니다.

"○○씨, 지금 제정신이야? 자네 때문에 우리 팀 손해가 얼마인 줄 알기나 해? 어떻게 책임질 거야? ○○씨는 어쩜 그렇게 일을 건성으로 하나?"

하지만 팀원을 진정으로 생각하는 포용적인 리더라면 잘못을
꾸짖더라도 이렇게 말할 것입니다.

> "○○씨, 이번에 벌어진 일로 팀에 큰 손해가 일어나게 되어서
> 리더로서 내가 참 걱정이 많네. 자네가 올린 최종 보고를 내가 좀
> 더 잘 챙겨봤어야 했는데… 내가 팀장으로서 책임지고 자네를
> 도울 방법을 생각해볼 테니, 이번 일을 잘 수습해나가세."

과연 두 리더의 말 중 어떤 말을 들었을 때 팀원은 실수를 수
습하기 위해 진심으로 노력하게 될까요? 당연히 후자일 것입니
다. 상대를 비난만 하면 심리학에서 이야기하는 '신 포도 기제^{Sur}
$^{Grape\ Mechanism}$'가 작동하여 팀원은 자기 실수를 합리화하려고만
할 것입니다. 그런 자기 합리화 방법의 하나는 포기이고, 다른
하나는 상대에 대한 역 비난인데요. 리더는 팀원이 자기 합리화
에 빠지지 않도록 자신도 문제의 원인이 아니었는지 겸허히 자
신을 낮추며 자신의 태도와 행적을 되돌아봐야 합니다. 이렇게
리더가 먼저 자신을 낮추고 팀원을 감싸줄 때 팀원은 다정하고
포용적인 리더십에 큰 감화를 받고 더 열심히 일할 내적 동기를
부여받습니다.

스타벅스 회장 하워드 슐츠Howard Schultz는 자신의 약점을 정직하게 드러내면 직원과의 연결 고리가 생긴다고 이야기하며 '낮춤의 소통'을 강조했습니다. 참고로 심리학에서는 이처럼 자신의 단점을 드러냈을 때 오히려 상대로부터 호의와 신뢰감을 얻을 수 있는 것을 두고 '사릭 효과Sarick Effect'라고 부릅니다. 리더는 평소 회사 생활을 하는 가운데 자신의 부족한 면을 스스럼없이 팀원들에게 개방하는 것에 두려움이 없어야 합니다. 강한 리더, 완벽한 리더에 대한 환상을 내려놓고 실수를 겸허히 인정하고, 모르는 것은 팀원들에게 격의 없이 물어볼 줄 아는 태도를 보인다면 팀원들은 그런 리더에게 인간적인 친근감을 느낄 것입니다. 더 나아가 리더의 부족한 부분을 자신이 가진 역량으로 서포트하고자 하는 마음을 보여줄 것입니다.

다정한 리더십의 최고봉, 공감할 줄 아는 리더

리더가 팀원들에게 심리적 안전감을 제공하는 또 다른 방법은 '공감을 해주는 것'입니다. 영어로 공감을 'Sympathy' 혹은 'Empathy'라고 하는데, 여기서 'Sym-'이나 'Em-'은 그리스어에서 '함께Together, With'의 의미를 지닌 접두사입니다. 또한 '-pathy'는 '고통'을 의미하는 그리스어 'Patos'에서 유래한 것이지요. 즉, 어원으로 따진다면 공감은 상대방의 고통에 동의하거나 그것에 이입하는 것을 의미합니다. 리더가 공감력을 발휘하기 위한 조건은 팀원이 먼저 자신의 어려운 점을 스스럼없이 드러내는 것입니다. 만일 리더가 팀원을 비난하고 질책하기만 한다면 팀원은 그런 리더에게 자신의 어려움을 호소하기 힘들 것입니다. 즉, 공감의 기회를 잡지 못하는 것도 다 리더의 탓입니다.

앞에서 리더는 개방적인 태도를 지녀야 한다고 말했습니다. 자신을 과감하게 드러내고 전면적인 개방을 해야 한다고요. 이런 태도는 무척 호탕하고 기백 있는 자세입니다. 그런데 리더가 전면적 개방의 태도를 보일 때 주의할 점이 하나 있습니다. 열린 자세를 취하는 자기 자신에게 취한 나머지 자기만족적인 개방으로 끝나서는 안 됩니다. '나는 이렇게 열려 있는데 말이야. 다들 뭘 그리 눈치를 보는지 쯧쯧…' 하면 안 된다는 것이지요. 리더는 자신이 일하는 공간의 문만 열고 기다리고 있을 것이 아니라 팀원의 시선으로 자세를 낮추고 팀원이 조직 내에서 어떤 어려움을 겪을지를 헤아려야 합니다. 가령 이런 식으로 사고하는 것이지요. '윗선에서는 ○○일까지 보고를 올리라고는 했지만, 우리 팀에 쏟아진 일이 지금 너무 많아서 팀원들이 안 그래도 계속 허덕이는 중인데… 무작정 아랫사람들을 압박할 게 아니라 대표님께 말씀을 잘 드려서 며칠이라도 말미를 얻고, 그다음에 그 일정 내에서 보고서 작성을 마무리할 방법을 팀원들과 상의해봐야겠다.' 과중한 업무량에 쫓겨 겨를이 없는 팀원들의 사정을 공감해주고 그것을 해결할 더 나은 방안을 융통해주는 것입니다.

공감에는 이렇게 상황을 헤아려주는 것도 있지만, 상대방의 수준에 맞춰주는 태도도 포함됩니다. 리더 중에는 자기만 아는 말로 지시를 내리는 사람들이 적지 않습니다. 리더의 자리에는 그 업무에서 베테랑인 사람들이 주로 오릅니다. 당연히 팀원 중에는 리더만큼의 업무 역량이 아직 채워지지 못한 사람도 존재합니다. 그런 팀원을 무능하다고 지적만 할 것이 아니라, 그의 눈높이에 맞춰서 업무를 설명하고 지시하는 것도 리더의 역할입니다.

저도 강연 준비를 하거나 책을 집필할 때 가장 신경 쓰는 부분이 불특정다수의 사람들에게 공감할 수 있는 지식을 전달하는 것입니다. 덕분에 저는 저의 주요 전문 분야 중 하나인 ESG

를 가장 쉽고 탁월하게 설명하는 강사로 업계에서 인정받을 수 있었지요. 고대 그리스의 철학자 소크라테스Socrates는 "목수와 말할 때는 목수의 언어를 쓰라"고 이야기한 바 있습니다. 아무리 대단한 지식이라도 그것을 받아들이는 사람이 공감할 수 없다면 죽은 지식이나 마찬가지입니다. 대다수의 사람들은 쉽고 편안한 것을 선호하지, 어려운 것을 좋아하는 사람은 없습니다.

사람도 마찬가지입니다. 자신의 위에서 군림하려 드는 리더보다는 자신과 눈을 맞추고 자신의 상황에 공감해주는 다정하고 섬세한 리더를 더욱 존경하고 따르는 것이 인지상정입니다. 인도네시아의 작가 토바 베타Toba Beta는 "공감에는 천재성이 필요 없다"고 했습니다. 그저 성의 있는 노력과 실천이 필요할 뿐이지요. 리더는 팀원들에게 안락한 소파 같은 사람이 되어야 합니다. 고된 일과를 마치고 집에 돌아와 푹신한 소파에 몸을 기댈 때의 감각을 떠올려보세요. 하루 동안의 노곤함은 모두 사라지고 몸과 마음이 편안해지면서 회복되는 느낌이 들지 않았나요? 힘들 때마다 믿고 편안히 기댈 수 있는 사람, 외부의 거친 풍파에서도 자신을 안락하고 따뜻하게 감싸줄 수 있는 사람… 그런 사람이 조직을 이끈다면 구성원들은 분명히 심리적 안전감 속에서 더 나은 성과를 올릴 수 있을 것입니다. 불편한 팀원과도

편하게 일할 줄 아는 리더, 사람의 마음을 사면서도 좋은 성과를 올리는 리더야말로 능력 있는 리더입니다.

상황에 맞는 다양한 역할을
유연하게 구사하라

좋은 리더는 자신의 '역할'이
무엇인지 제대로 안다

리더는 사람이 아니라 '역할'입니다. "다른 배역은 꽉 찼다. 당신을 연기하라"는 극작가 오스카 와일드Oscar Wilde의 말처럼 리더는 자신의 역할에 충실해야 합니다. 수많은 리더십 책에서는 리더의 전형적인 스타일을 크게 다음의 6가지로 분류하고 있습니다.

① **성과 지향형 리더십**Pacesetting Leadership : 팀원들의 성과를 확고히

설정하고 우선적으로 목표 달성을 바라는 리더십.

② **명령 지시형 리더십**Commanding Leadership : 팀원들에게 리더가 하는 명령과 지시를 즉각적으로 준수할 것을 요구하는 리더십.

③ **비전 제시형 리더십**Visionary Leadership : 팀원들에게 장기적인 비전을 제시하여 팀원들이 자발적으로 행동하게 하는 리더십.

④ **관계 지향형 리더십**Affiliative Leadership : 성과보다는 팀원 간 혹은 리더와 팀원 간의 긍정적인 관계 형성에 초점을 두는 리더십.

⑤ **합의 중시형 리더십**Democratic Leadership : 팀원들이 민주적으로 의사 결정을 하도록 하고 최종적으로 팀원들의 합의를 중시하는 리더십.

⑥ **코칭 리더십**Coaching Leadership : 팀원의 역량 향상과 전문성 개발을 개별적으로 지원하고 육성하는 리더십.

저는 리더가 이 중 어느 하나의 스타일에 고정되어서는 안 된다고 생각합니다. 리더십 스타일은 상황에 맞춰 그때그때 유연하게 바뀌어야 합니다. 예를 들어 긴급 상황에서는 명령 지시형 리더십을 발휘하고, 새로운 조직에 부임했다면 비전 제시형 리더십을 구사하는 것이지요. 자신이 팀원들과 사이가 좋지 않거나 팀원들이 서로 사이가 좋지 않다면 관계 지향형 혹은 합의 중시형 리더십을 활용해야 합니다. 그렇지 않고 리더를 사람 그 자체로 오해하고, 리더십을 그 사람이 지닌 타고난 기질의 발현으로만 본다면 올바른 리더십을 발휘하기가 어렵습니다. 리더십은 찰흙과 같아서 굳는 순간 금이 갑니다. 즉, 상황에 맞는 역할을 찾아 능동적으로 변신할 줄 알아야 합니다.

앞서 제시한 리더십의 여러 스타일 중 요즘 특히 주목받는 것은 코칭 리더십입니다. 특히 성공보다는 성장을 원하는 MZ 세대들이 대거 조직에 입사한 이후로는 코칭 대화를 통한 성장 지원의 필요성이 더욱 부각되었습니다. 여기에서는 상담 기법이자 코칭의 틀이기도 한 대화 방법을 하나 소개해볼까 합니다. 'PRACTICE'라는 대화법인데요. 이 대화법은 코칭을 할 때뿐만 아니라 업무상 발생한 문제를 해결할 때도 도움이 됩니다. 'PRACTICE' 외에도 코칭 및 상담 대화법에는 'DIAMOND', 'GROW' 등 그 종류가 여럿 있으니 직접 검색해서 상황에 가장 잘 부합하는 대화법을 선택해 사용하면 됩니다. 다음은 'PRACTICE' 대화법의 순서입니다.

① Problem identification(문제 확인)

② Realistic goals developed(현실적인 목표 설정)

③ Alternative solutions generated(대안 생성)

④ Consideration of consequences(결과 고려)

⑤ Target the most feasible solutions(최적의 해결책 선정)

⑥ Implementation of Chosen solutions(선정된 해결책 실행)

⑦ Evaluation(평가)

'PRACTICE'라는 대화법의 순서를 보면 알겠지만, 이 대화법은 문제 해결의 방안을 하나로만 고정해두고 있지 않습니다. 문제를 확인하고 난 뒤 현실적으로 목표를 조절하고, 그것에 맞춰 대안을 만든 다음, 어떤 결과가 이어질지 생각해 가장 나은 방법을 결정합니다. 그 과정에서 팀원은 조직 내에서 자신의 역할을 재조정하고 부여된 일을 어떻게 수행해야 최적의 결과를 얻을 수 있는지 깨닫습니다.

저는 리더가 팀원에게 코칭 리더십을 발휘하는 것처럼 자기 자신의 역할에 대해서도 코칭 리더십을 적용해야 한다고 생각합니다. 앞에서 리더는 사람이 아니라 역할이라고 강조했습니다. 즉, 리더의 자리에 오르고 나면 자신의 역할에 대한 올바른 이해가 필요합니다. 이 자리에서 내가 무엇을 해야 하고, 무엇을 하지 말아야 하는지 분별력을 가져야 하지요. 즉, 리더는 'To

Do(해야 할 일)'와 'Not To Do(하지 말아야 할 일)'를 잘 구별하고, 자신의 행동이 가져올 결과를 잘 예측해서 리더로서 가장 좋은 행동 양식을 선택하고 구사해야 합니다. 그 모든 행위 뒤에는 반드시 평가가 뒤따라야 하고요.

리더의 올바른 역할 수행을 저해하는 6가지 행동 양식

자신의 역할에 대한 고민 없이 마구잡이로 행동한다면 리더는 올바른 리더십을 구사할 수 없습니다. 삼성그룹에서는 리더가 리더십을 저해하는 행동을 185쪽과 같이 정리했습니다.

표에서 제시된 리더십 저해 행동의 대표적인 예들은 공통점이 하나 있습니다. 하나같이 '폐쇄적'인 태도를 보인다는 점입니다. 먼저 '자기 과신'의 경우입니다. 과도한 자신감을 가진 리더는 확증 편향을 갖기 쉽습니다. 확증 편향은 자신의 가치관, 신념, 판단에 부합하는 정보에만 주목하고 그 외의 정보는 무시하는 사고방식입니다. 자기와는 다른 것은 받아들이지 않는 전형적인 사고방식이지요. 자기 과신은 리더 스스로에게도 좋지 않습니다. 일이 잘 풀리지 않으면 극도의 자괴감으로 이어지기 때

삼성그룹의 리더십 저해 행동

리더십 저해 행동Leadership Derailment		SCI 키워드	경영진 의견
자기 과신 Overconfidence	과도한 자신감으로 타인의 의견에 귀 기울이지 않음	불합리하고 획일적인 지시, 이기주의, 독단적	지나친 자신감, 독선 독불장군, 자기 과신
회피·방관 Avoidant of Responsibility	주요 의사 결정이나 책임을 미루거나 떠넘김	의사 결정을 미룸, 책임 전가, 리스크 회피	리스크를 감수하는 의사 결정 부족, 책임 전가, 상사의 지시만 기다리는 기회주의
성과 만능주의 Machiavellism	직원을 육성하지 않고 자신을 위해 성과를 내는 도구로만 생각	부하를 소모품으로 여김	부하를 육성하지 않고 도구로만 생각함, 직원 간 과도한 경쟁 유발
과다 통제 Micromanaging	작은 의사 결정조차 믿고 맡기지 못하고 본인이 직접 챙김	부하 양성 및 육성 미흡, 감시, 통제, 자율권 박탈	단기적 성과만 중시, 중장기 비전 없음, 조급함, 미세한 관리에 치중
공감 부족 Lack of Empathy	성과 달성에만 몰두하고 직원의 고충에 대해 무관심함	유대감 없음, 소통 단절, 고민과 이해 부족, 무관심, 갑질, 부하 탓, 배려와 존중이 없음	본인의 영역 외 무관심함, 감사·존중·사랑·동기 부여가 부재함
무례 Disrespectful	모멸감을 주는 무례한 언행으로 타인에게 상처를 줌	모욕, 모멸, 폭언, 횡포	폭언을 하고 모멸감을 선사함, 부하를 하나의 인격체로 존중하지 않음

문입니다. '회피·방관'은 더 설명할 것도 없습니다. 문제를 직면하지 않는 리더가 어떻게 개방적인 태도를 지닐 수 있겠습니까?

다음은 '성과 만능주의'입니다. 팀원들이 유능하고 동기 부여가 되어 있을 때는 효과적인 리더십이지만, 그렇지 못할 때는 리더가 팀원을 압박하고 마이크로 매니징을 하는 명령형 리더십으로 변질됩니다. 성과 만능주의 리더십을 구사하는 리더는 나쁜 성과를 내는 팀원에게 냉정하고 부정적인 피드백을 줍니다. 이런 리더를 견디지 못한 팀원들은 조직을 탈출하거나, 남아 있다고 하더라도 불안감과 불편함에 휩싸인 채 일합니다. 이처럼 리더의 잘못된 리더십은 마치 뫼비우스의 띠처럼 계속 연결되어 악순환을 거듭하게 합니다. '과다 통제', '공감 부족', '무례'도 팀원의 입장을 생각하기보다 리더 자신의 입장만 강요하여 팀원과 유대감을 쌓지 못한다는 측면에서 개방적인 리더십과는 거리가 멉니다.

앞에서 열거한 리더십 저해 행동의 정도가 심각한 수준에 달하면 이는 직장 내 괴롭힘이 되기도 합니다. 리더는 직장 내 괴롭힘의 가해자가 되는 것이고요. 직장 내 괴롭힘이 별다른 것이 아닙니다. 팀원에게 스트레스를 준다면 그것이 곧 직장 내 괴롭힘입니다. 스트레스는 '유기체가 불쾌하게 여기는 모든 부정적 경험'을 말합니다. 최근 큰 화두로 떠오르고 있는 ESG에서도 강조하는 이슈 중 하나가 '직원의 건강'인데요. 캐나다의 한 대학교의 연구에 따르면 상사가 근로자에게 비인격적인 행동을 할 경우, 근로자는 그 행동을 되새김질Rumination하는 과정에서 건강이 악화되었다고 합니다. 리더가 스스로의 역할을 해치면 결국 팀원들의 역할도 망치게 되는 셈입니다.

조직에 활력을 불어넣는
개방적인 리더가 되려면

조직에 활력을 불어넣는 개방적인 리더가 되려면 어떻게 해야 할까요? 저는 우선 유머 감각을 갖추기를 권합니다. 유머는 단순히 남을 웃기는 것이 아닙니다. 유머는 분위기를 돋워주고 전환해주는 고차원적인 말하기이자 행동입니다. 유머를 구사하고자 하는 사람들에게는 상대를 편안하게 만들어주려는 호의가 있습니다. 썰렁한 분위기의 회의실에서 리더의 유머 한마디로 분위기가 갑자기 화기애애해진 경험이 직장생활을 해본 사람들이라면 누구나 한 번쯤은 있을 것입니다. 유머 감각을 잘 발휘하면 유쾌하고 친절하며 센스 있는 사람으로 사회적 승인을 받을 수 있습니다. 상대의 말에 웃음이 나서 '유쾌 체험Experience of Happiness'을 경험한 사람은 자기를 웃게 했던 상대에 대해 좋은 인상을 받게 됩니다. 인간의 뇌의 작용이 그렇습니다.

리더는 팀원과 함께 일하는 사이입니다. 우리는 일터에서 상당히 많은 시간을 보냅니다. 즉, 리더라면 팀원들이 자신과 함께 일하는 긴 시간 동안 유쾌 체험을 많이 할 수 있도록 노력해야합니다. 저도 유튜브 등에서 강의할 때 되도록 구독자분들이 지루하지 않고 재미있게 방송을 볼 수 있도록 적절한 유머를 구사하고자 노력합니다. 그것이 소중한 시간을 제 방송을 보는 데 할애한 분들에 대한 예의라고 생각하기 때문입니다.

개방적인 리더가 되려면 두 번째로는 '다른 시각'을 가져야 합니다. 리더의 언행이 빤해지면 팀원들은 리더가 빤하게 좋아하는 행동을 알아서 택합니다. 그러면 조직에 변화와 혁신은 없습니다. 늘 관성적으로 움직이고 말지요. 리더가 다른 시각을 가지려면 눈과 귀와 마음이 열려 있어야 합니다. 이는 곧 유연한 태도와도 연결됩니다. 유연하고 개방적인 리더는 한 가지 리더십에 갇혀 있기보다는 조직 내부의 상황에 따라 자신의 역할을 적절하게 바꿔가며 마치 카멜레온처럼 변신할 줄 압니다. 팀원들 각각의 상황, 팀이 맡은 업무의 흐름, 팀의 업무에 영향을 미치는 외부 조건의 변화 등에 민첩하게 반응하면서 자신이 구사하는 리더십을 효율적으로 조정할 줄 아는 리더만이 조직의 성장과 진정한 혁신을 이끌어냅니다. 리더가 먼저 변화의 주체가 되어 적극적으로 움직일 때 그 조직은 비로소 활력과 생기가 가득한 살아 움직이는 조직이 될 수 있습니다.

第五章

渴望

갈망

: 비전을 향해 끊임없이
걸어가는 굳건한 태도

결핍을 동기 부여의
원동력으로 삼아라

'그 자리에 멈춰 선 성공한 사람'과
'한 발 더 내딛는 사람'의 차이

예전에는 그러지 않았는데 상황이 많이 좋아지니 이전과는 태도가 달라진 사람을 두고 우리는 "그 사람 요즘 하는 행동을 보니까 배가 불렀네"라고 말하곤 합니다. 좋은 뉘앙스로 하는 말은 아니지요. 먹고살 만해지니까 거만하게 굴거나 소홀해졌다는 뜻입니다. 하지만 모든 사람이 변화된 상황에 따라 태도가 달라지는 것은 아닙니다. 이미 목표한 바를 다 이룬 듯 보이는 사람 중에서도 현재의 성취에 안주하지 않고 끊임없이 노력하는 사람들이 많습니다. 유명한 등반가들은 하나의 산을 정복하고 나면 거기에서 멈추지 않고 다른 산의 정상에 오르고자 다시 등반을 준비하고 도전합니다.

마이크로소프트를 창업한 빌 게이츠는 끊임없이 도전하는 리더의 대표적인 사례입니다. 그는 IT 기술로 세상을 바꾼 대단한 업적을 이뤘지만, 어느 시점부터는 자선 사업을 통해 세상을 바꾸겠다고 공언하고 자선 재단을 설립해 에이즈 퇴치, 기후 위기 대응 등의 프로젝트를 꾸준히 진행 중입니다. 빌 게이츠도 변한 거지요. 그렇다면 '이만하면 충분하다'와 '아직 더 도전할 것이 남아 있다'를 결정하는 것은 무엇일까요? 바로 '자기 의지'입니다. 쉽게 말해 내 안에 내적 동기가 충분한지 그 여부가 성공한 자리에 멈춰 서는 사람과 거기에서 한 발 더 내딛는 사람의 차이를 만듭니다.

물론 자신은 현재의 위치에서 한 발 더 내디디며 전진하고 싶지만 그렇지 못하는 애석한 경우도 적지 않습니다. 대기업의 임원들이 대개 그렇지요. 조직에 더 오랫동안 남아 이루고 싶은 성취들이 있다고 해도 회사에서 나가라고 하면 다음 날 옷을 벗어야 하는 것이 임원들의 운명입니다. 24년간 직장생활을 하며 수많은 임원들을 봤지만, 뚜렷한 이유로 해고된 임원은 손에 꼽습니다. 대부분의 임원들은 회사에 기여해온 경력이 있어 그 자리까지 올라가는 경우가 많습니다. 외부에서 영입해온 인사라면 강력한 '한 방'이 있는 인물이기 마련입니다. 자기 관리 능력에서부터 업무 성과에 이르기까지 크게 흠잡을 데가 없는 인물들이 임원이 됩니다. 그런데도 여러 이유를 달고 연말이 되면 초급 임원부터 경력 임원까지 우수수 집으로 돌아갑니다.

제가 아는 한 임원은 '회사의 비전을 잘 이해하지 못하고 있다'라는 이유로 해고되었습니다. 그 임원은 그 회사에서만 27년간 일했던 사람입니다. 회사의 비전을 이해하지 못했다면 그렇게 오래 한곳에서 일할 수 있었을까요? 또 작년까지는 회사의 비전을 이해하고 있었는데 갑자기 올해부터는 이해하지 못하게 된 것일까요? 둘 다 아닐 겁니다. 누군가를 내보내려는 회사의 의지가 확고하면 결국 퇴직을 하더군요. 회사 밖으로 나서는 순간이 임원들에게는 가장 두려운 순간일 것입니다. 하지만 아래에서는 새로운 리더들이 양성되어 올라오기 때문에 조직 안에서는 끊임없이 물갈이가 이어질 수밖에 없습니다. 이처럼 기업의 임원들은 한 발 더 내디디고 싶은 의지가 강고하다고 하더라도 그러지 못하는 안타까운 상황에 직면하기도 합니다.

리더가 자신의 자리를
떠나게 될 때

창업자의 경우는 조금 다릅니다. 창업한 회사가 망하면 당연히 '자동 은퇴'를 할 수밖에 없습니다. 시장에서 자리를 잡고 성공하여 자신이 목표한 바를 만족스럽게 이뤘지만, 회사의 더 큰 발전을 위해 후임에게 대표 자리를 물려주고 떠나는 리더들도 있습니다. 앞서 언급한 빌 게이츠가 대표적이지요. 그는 인도계 미국인 공학자 사티아 나델라Satya Nadella에게 CEO 자리를 넘겼는데, 나델라가 부임한 뒤 마이크로소프트는 클라우드 통합 서비스 세계 점유율 1위를 달성하는 등 성장 한계에 봉착했던 상황에서 새로운 동력을 얻으며 재도약에 성공합니다.

본인은 떠나길 원하지 않았지만, 생로병사라는 인간사에서 자유로울 수 없어 전진을 멈추기도 합니다. 애플의 창업자 스티브 잡스Steve Jobs가 그런 경우이지요. 그는 병세가 악화되자 후임으로 팀 쿡Tim Cook을 지명했는데요. 쿡은 CEO로 지명된 이후 큰 우려의 시선 속에서도 잡스가 애플에서 일군 성취들을 성공적으로 수성守成하는 것을 넘어서서 자신만의 뛰어난 경영 실력을 입증했습니다.

사실 창업자라고 해서 꼭 성공적인 멈춤만 하는 것은 아닙니다. 최근 미국의 유니콘 IT 기업의 창업자들이 사임하는 경우가 꽤 많았습니다. 미국의 이미지 기반 SNS인 핀터레스트의 창업자 벤 실버먼Ben Silverman, 세계 최대 숙박 공유 플랫폼 에어비앤비의 조 게비아Joe Gebbia, 트위터의 잭 도시Jack Dorsey 등 세계적인 기업의 창업자들이 자의로든 타의로든 리더의 자리를 내려놓고 있습니다. 그들이 자리에서 물러나는 이유는 냉정한 시장의 평가 때문입니다. 기업의 규모는 커지지만, 그 기업을 이끄는 리더의 경영 역량이 거기에 미치지 못할 때, 회사의 주가는 오르지 않고, 추가 투자도 이뤄지지 않습니다. 이런 상황에 책임을 지고 자리에서 물러나는 선택을 하는 것이지요. 문제는 리더가 경영 역량의 부진에 책임을 져야 하는데, 자리를 내놓지 않으면서 도전 의식도 발휘하지 않고 무기력하게 있을 때입니다. 그러면 회사는 성장 동력을 잃고 곤두박질치게 됩니다.

　리더의 역할 중에는 팀원들에게 동기 부여를 하는 일도 있습니다. 매우 중요한 역할이지요. 그런데 우리가 간과하는 것이 하나 있습니다. 리더도 동기를 잃어버릴 때가 있다는 사실이지요. 주위에서 자기 사업을 하는 분들을 종종 만날 때가 있습니다. 아무래도 사업을 하는 분들이어서 대부분 정력적인 모습이지만,

이런저런 일들로 마음이 상하면 이분들도 사람인지라 '내가 뭐하러 이렇게까지 열심히 일을 하나?' 하는 생각이 들며 회의감이 들 때가 있다고 토로하는 모습도 적지 않게 봤습니다. 이렇듯 리더라고 해서 늘 일하려는 의지로 충만한 것은 아닙니다.

리더가 지치면 팀원도 지칩니다. 시장이나 조직은 눈치가 굉장히 빠르고 예민해서 리더의 무기력함과 무심함을 금방 알아챕니다. 물론 리더 본인이 가장 잘 알겠지만요. 예전에 어떤 거장 피아니스트의 인터뷰를 읽고 큰 감동을 한 적이 있습니다. 거장 피아니스트에게 기자가 이렇게 물었습니다. "선생님께서 매일 피아노 연습을 하지 않아도 아무도 모를 텐데요. 하루도 거르지 않고 연습하시는 이유가 뭡니까?" 피아니스트는 이렇게 답했습니다. "세상 사람들은 몰라도 나는 알기 때문이지요. 내가 연습을 했는지, 안 했는지." 가히 거장다운 대답입니다. 저는 리더도 이런 마음으로 일해야 한다고 생각합니다. 여러 가지 이유로 지치고 힘이 빠진 순간에도 스스로에 대한 인테그리티(Integrity, 진실성)를 지키고자 하는 마음으로 리더로서의 역할을 잊지 않고 일에 전념해야 하지요.

지친 나를 일어서게 해준
3가지 동기

일하기 싫고 스스로 동기 부여가 안 될 때 리더는 어찌해야 할까요? 답은 간단명료합니다. 자신을 목마르게 만드는 것을 찾아내야 합니다. 2002년 한일 월드컵 당시 대한민국 축구 국가 대표팀을 이끌었던 히딩크 감독은 16강 진출이 확정된 직후, "나는 아직도 배고프다"라고 말하면서 더 높은 목표를 향한 자신의 갈망을 표현했습니다. 이후 대표팀은 월드컵 4강 진출이라는 놀라운 성적을 거뒀지요. 때로는 사명감이 동기를 이끌어내기도 합니다. 이순신 장군이 조선 수군의 열악한 상황 속에서도 왜군에 대항해 '압도적 승리'를 할 수 있었던 것은 구국의 사명감이 있었기 때문이겠지요.

이쯤에서 제 이야기를 하나 해볼까 합니다. 제가 회사에 다닐 때 동기 부여가 되어준 것들은 3가지 마음이었습니다. 무력해지고 주저앉고 싶을 때마다 이 3가지 마음에 의지해 다시 저를 추스르곤 했지요. 하나는 '꼭 임원이 되고 싶다'는 마음이었습니다. '기왕 시작한 직장생활이니 '별' 한번 달아보자' 하는 마음이 있었지요. 또 다른 하나는 성취감이었습니다. 문제를 해결했을 때 저에게 쏟아지는 찬사가 그렇게나 좋을 수가 없더군요. 제 지시에 따라 일사불란하게 움직이는 조직을 거느렸다는 약간의 우쭐함도 있었지 싶습니다. 물론 성과에 따른 보상도 좋았습니다. 마지막은 회사를 그만둘 동기動機가 없었다는 점입니다. 딱히 회사를 그만둘 이유도 없었고, 회사 생활 이외의 목표가 당시의 저에겐 없었습니다. 그것이 제게는 회사 생활을 길게 유지할 수 있었던 동기였습니다. 어떻게 보면 '관성'에 의해 직장인으로서의 수명이 연장될 수 있었던 것이지요.

그러다가 문득 이제 나의 인생을 살고 싶다는 생각이 들었습니다. 조직인組織人으로 산다는 것은 거래입니다. 돈을 받고 나의 노동과 시간을 제공하는 거래이지요. 저는 50대 초반의 나이에 긱 워커Gig Worker로 살겠다고 결심했습니다. 한국인 평균 퇴사 연령이 54세라는 통계를 봤는데, 당시 제 나이를 기준으로 3~4년 정도 더 일하다 회사를 그만두게 될 바에는 조금이라도 일찍 긱 이코노미Gig Economy의 세계로 진입하자는 생각이 들었지요. 늘 열심히 살겠다는 생각에는 변함이 없었지만, 회사라는 동기가 사라지고 새로운 동기가 생긴 것입니다. 이렇게 새로운 동기를 자각하자 '회사 밖으로 나가면 내 기량을 더 펼칠 수 있는데' 하는 갈증이 느껴지더군요. 이후 회사를 나와 저는 7년간 1인 기업의 대표이자 지식노동자로 일하는 중입니다. 지금 저를 움직이는 동력은 제가 가진 지식을 필요한 분들에게 잘 전달하고 싶다는 마음입니다. 기왕이면 제가 가진 지식이 필요한 분들이 많아져서 '압도적인 공급'을 할 수 있게 되면 좋겠습니다. 그것이 제가 저라는 브랜드를 내걸고 일하는 리더로서 열심히 일하게 만드는 가장 강력한 동기입니다.

'동기'와 '결핍'은 같은 말이다

저는 '동기'와 '결핍'이 같은 말이라고 생각합니다. 자신이 원하는 것이 채워지지 않을 때 그것을 손에 쥐고 싶은 마음이 동기가 되어 성과를 내기도 하기 때문입니다. 《직장인의 바른 습관》에서도 언급한 적이 있습니다만, 저는 결핍을 동기로 삼아 성공한 인물로 송강호 배우를 꼽곤 합니다. 영화계에서 오래 일했던 제 친구의 전언에 따르면 송강호 배우는 결핍을 동력으로 대배우가 되었습니다. 그는 배우 생활을 하는 데 도움이 될 만한 학연도 인맥도 충분하지 않았지만, 끊임없는 노력을 통해 자기만의 개성을 살린 연기 세계를 구축했고, 그것이 그를 지금의 자리에 오르게 했다는 것이지요.

여러분은 리더로서 혹은 리더가 되기 위해 어떤 동기가 있나요? 리더로서 여러분의 존재 목적은 무엇일까요? 리더로서 많은 것을 이룬 분이든, 이제 막 리더의 역할을 시작한 분이든 우선은 채워지지 않은 것부터 생각이 날 것입니다. 사람은 잘하는 것보다 못하는 것에 더 신경을 쓰는 법이니까요. 돈이 많은 사람은 명예를 쥐고 싶고, 명예가 있는 사람은 권력을 잡고 싶고, 권력이 있는 사람은 많은 돈을 갖고 싶어 합니다. 아마 여러분도 지금 갖고 있지 않거나 부족하다고 느끼는 부분을 더 채우고 싶을 것입니다. 결핍은 나쁜 것만이 아닙니다. 오히려 나를 움직이는 동기, 동인, 성장 엔진으로 작용하기도 합니다.

지금 부족함이 없다면, 그래서 리더로서 보람이나 목표가 없다면 어떻게 해야 할까요? 아마도 2가지 길이 있을 것입니다. 첫 번째 길은 현 상태에서 멈추고 성과를 즐기는 방법입니다. 은퇴한 백만장자 창업자나 엄청난 스톡옵션을 받은 전직 CEO들처럼 말이지요. 그것이 꼭 나쁘다고만은 볼 수 없습니다. 자신이 이룬 현재 상태에 만족했다면, 리더의 역할을 내려놓고 새로운 역할을 찾으면 되기 때문입니다. 이들은 자신이 가진 여유를 바탕으로 새로운 인물을 키우거나 도우려고 합니다. 이끄는 것이 아니라요.

두 번째 길은 리더가 자신의 자리에서 멈추지 않고 자신의 결핍을 파악하고 그것을 동력 삼아 다시 움직이는 것입니다. 테슬라의 CEO 일론 머스크Elon Musk는 사람들이 믿지 못할 만큼의 목표를 달성해 보여주고 싶었다고 합니다. 스스로에게도 엄청난 도전이자 동기를 만들고 싶었다고 하고요. 이미 전기 차 개발이라는 커다란 프로젝트를 완수한 그가 도전한 다음 목표는 화성 이주 프로젝트입니다. 불가능해 보이는 목표를 설정하고 그것에 도전하는 그의 행보는 언제 봐도 놀랍습니다. 할리우드를 대표하는 명배우 로버트 드 니로는 자신이 연기를 잘하게 된 비결에 대해 이렇게 말했다고 합니다. "당신이 더 안 해도 되는 것을 더 잘하려고 노력하면 된다You have to do more something you don't have to do anything." 저는 이 말에 리더의 자질에 대한 인사이트가 담겨 있다고 생각합니다. 한 분야를 선도하는 리더가 되고자 한다면, 이렇듯 늘 목마름이 있어야 합니다. 그 갈증을 해갈하기 위해 시원한 물을 찾아 나서는 순간, 리더의 역량과 그가 이끄는 조직의 역량은 한층 더 발전할 수 있을 테니까요.

리더는 합리적
낙관주의자여야 한다

리더는 희망과 비전을
보여주는 사람이다

저는 꿈과 한(恨)을 이렇게 구분합니다. 한은 과거이고 꿈은 미래라고요. 한에서 멈추면 그저 한풀이만 하다가 인생이 가지만, 한을 동력으로 삼아 꿈을 이루기 위해 노력하다 보면 목표를 이루게 됩니다. 한은 갈망이기도 하지요. 갈망이 성과가 되기 위해서는 우선 마주할 것이 있습니다. 과거나 현재의 고난입니다. 사람은 어렵고 갑갑한 상황에 맞닥뜨리면 탈출구를 찾습니다. 자포자기는 그 갑갑함을 그냥 참거나 수용하기로 한 경우입니다.

물론 행복한 수용이 아니라 불행한 수용이지요. 대개 처음부터 자포자기하는 경우는 드뭅니다. 극복하려고 노력해도 변화의 가능성이 보이지 않으니 스스로를 놓아버리는 경우가 대부분이지요. 한 가닥 희망을 내려놓는 순간, 탈출구를 찾을 가능성은 영영 사라집니다.

희망을 잃으면 모든 것을 잃은 것입니다. 사람은 희망으로 산다고 해도 과언이 아닙니다. 희망은 앞으로 더 나아질 것이라는 긍정적인 믿음입니다. 앞으로 더 나빠진다는 생각이 들면 사람은 살아나갈 수 없습니다. 불행이 예정된 삶인데 굳이 열심히 살 필요가 있을까요? 한 조직을 이끄는 리더가 희망과 비전을 보여주는 사람이어야 하는 이유가 여기 있습니다. 리더는 자신도 희망을 품어야 하고, 팀원들에게도 그 희망을 나눠 줘야 합니다. 리더에게 희망과 비전이 보이지 않으면 팀원은 간단하게 결론을 내버립니다. '나는 저렇게 살지 말아야지.' 그 순간 팀원은 그 리더를 넘어서려고 노력하지 않습니다. 조직을 위해 헌신하려고 들지도 않습니다. 자신이 노력해봤자 더 좋아질 기미가 보이지 않는 조직을 위해 누가 시간과 에너지를 쓰려고 할까요?

저는 강의에서 리더들에게 종종 이런 질문을 던집니다. "여러분이 생각하는 팀의 성과란 무엇입니까?" 희망과 비전을 제시하는 리더가 되기 위해서는 우선 성과에 대해 제대로 정의할 줄 알아야 합니다. 성과가 곧 조직이 달성하고자 하는 비전이자 희망이기 때문입니다. 일반적인 회사 조직에서는 성과를 KPI(Key Performance Indicator, 핵심성과지표)로 측정합니다. 한국벤처투자 유웅환 사장님은 KPI와 관련해서 제게 인상적인 말씀을 남겼습니다. "내가 이루고자 하는 평생의 KPI가 다 정해져 있다." 이 말씀을 듣고 조직의 차원에서뿐만 아니라 자신의 삶을 두고도 도달하고자 하는 목표와 비전이 확고하게 세워진 사람의 오라Aura를 느낄 수 있었지요. 여러분도 평생까지는 아니더라도 10년의 성과 목표가 정해져 있는지 한번 되돌아보기를 바랍니다.

리더는 팀원들에게 성과 목표를 제시함과 더불어서 팀원을 성장시키고 개발시켜줘야 합니다. 적어도 자신만큼, 가능하다면 자신의 역량을 넘어서는 팀원을 양성해야 하지요. 내가 이 조직에서, 이 리더 밑에서 일한다면 더 발전할 수 있다는 희망을 팀원들에게 줘야 합니다. 가장 옹졸한 리더는 자신이 가진 것을 나누지 않는 리더입니다. 자신이 가진 권한은 물론이고, 자신의 노하우, 실패 경험을 절대 공유하지 않는 리더이지요. 진정한 리더라면 자신이 가진 역량을 팀원들에게 모두 나눠줄 줄 알아야 합니다.

희망을 현실로 만들기 위해
리더가 해야 할 일

저는 '어른 공부방'을 여는 것이 3년 내 도달하고 싶은 성과 목표입니다. 제 주요 전공 분야는 리더십과 ESG입니다. 이와 관련해서 새로운 지식은 매일같이 쏟아집니다. 하지만 어른들은 돈을 버느라 바쁜 나머지 형식지(책상 앞에서 이론으로 배우는 것)는 뒤로하고 암묵지(현장에서 경험하며 배우는 것)만으로 공부가 이뤄집니다. 물론 암묵지를 쌓는 공부도 중요합니다. 하지만 암묵지가 하나의 체계를 갖기 위해서는 형식지를 쌓는 공부를 병행해야 합니다. 이를 돕기 위해 '어른 공부방'을 열고 싶은 것이지요. 그것이 제가 1인 기업의 리더로서 세운 성과 목표이자 희망입니다.

리더가 자신이 세운 성과 목표와 희망을 달성하려면 어떻게 해야 할까요? 우선 '자기 확신'이 있어야 합니다. 리더는 자신이 그곳에 이미 도달해본 사람처럼 믿음을 가져야 합니다. 자기 확신과 관련해서 제가 봤던 리더들은 몇 가지 부류로 나뉩니다. 하나는 늘 가본 길만 가는 리더입니다. 해본 일에만 자기 확신이 있어서 실패 확률이 낮은 리더이지요. 또 다른 하나는 안 가본 길만 가보려는 리더입니다. 불투명한 미래에도 자기 확신이 넘치는 리더이지요. 언제나 시행착오가 뒤따르지만, 이후 실패의 경험을 거울로 삼지 않고 또 새로운 길을 택하는 부류의 리더입니다. 저는 앞서 언급한 2가지를 합친 세 번째 부류의 리더가 되어야 한다고 생각합니다. 성공 경험이든 실패 경험이든 자신의 모든 경험을 축적해서 새로운 도전으로 확장하는 리더이지요. 삼성그룹 고 이건희 회장님이 대표적인 사례이지요. 이건희 회장님은 비록 자동차 사업에서 성공을 거두는 데에는 실패했지만, 반도체 사업에 도전하여 우리나라 반도체 산업을 세계적인 수준으로 올려놓았습니다. 그 바탕에는 그룹의 성장에 대한 간절함과 사명감, 그리고 분명히 해낼 수 있을 것이라는 희망과 비전이 있었을 것입니다.

리더가 성공과 실패를 두루 경험하면서 최고의 성과를 만들어내는 사고방식에는 무엇이 있을까요? 저는 리더의 사고방식을 크게 3가지로 나눕니다. 첫 번째는 낙천적인 사고방식입니다. 하늘 아래 모든 일을 긍정의 필터를 끼고 바라보는 것이지요. 이런 사고방식을 가진 리더는 '무엇이든 잘될 거야. 걱정하지 말자'를 신조로 삼습니다. 같이 있으면 기분도 좋고 부담도 없는데, 일의 결과는 하늘에 맡기는 스타일이라 팀원들은 늘 불안하지요. '모든 일은 다 잘될 거야'라는 말은 위로의 말이지 신념의 말은 아닙니다. 낙천적인 사고방식을 가진 리더는 눈을 감고 운전해도 사고가 나지 않을 것이라고 믿는 대책 없는 리더입니다.

두 번째는 비관적인 사고방식입니다. '무슨 일을 해도 잘 안 될 거야'라고 체념부터 하는 것이지요. 리더로서 가장 피해야 하는 사고방식입니다. 리더가 비관적인 시각을 가지면 절대 안 되는 이유는 리더의 영향력 때문입니다. 리더가 비관적이고 부정적인 생각으로 일관하면, 그 영향은 개인의 범위에서 멈추는 것이 아니라 조직과 팀원 전체로 퍼져나갑니다. 비관적인 리더는 팀원에게 절망을 강요합니다. 의욕과 사기를 꺾고 말지요. 이런 비관적인 리더는 팀원의 커리어에 아무런 도움이 되지 않습니다. 심지어 일에 대한 트라우마를 안겨줄 수도 있습니다. 꼭 피해야 하는 리더의 유형입니다.

세 번째는 낙관적인 사고방식입니다. 낙관적인 사고방식은 낙천적인 사고방식과 전혀 다릅니다. 낙천적인 사고방식이 현실적인 상황과 관계없이 무조건 잘될 것이라고 보는 관점이라면, 낙관적인 사고방식은 올바른 현실 인식을 바탕으로 미래를 더 객관적인 시선에서 밝고 희망차게 전망하는 관점입니다. 진정한 리더는 낙관적인 사고방식으로 세상을 바라보며 팀원들에게 희망과 비전을 제시하는 사람입니다.

리더라면 '낙천주의자'가 아닌 '낙관주의자'가 되자

낙관주의 리더의 대표적인 예로 저는 미군 해군 장교인 제임스 스톡데일James Stockdale을 꼽습니다. 그는 베트남 전쟁 당시 호아로 포로수용소에 수감되어 1965년부터 1973년까지 약 7년 반 동안 모진 고문을 당했습니다. 석방 날짜도, 자신이 살아남을 수 있을지 그 여부조차도 알 수 없는 상황에서도 그는 끝까지 살아남았습니다. 《좋은 기업을 넘어 위대한 기업으로》의 저자인 짐 콜린스Jim Collins는 후에 스톡데일을 인터뷰했고, 그로부터 생존의 비결은 들을 수 있었습니다. 그 비결은 바로 '합리적 낙관주의'였습니다. 스톡데일은 "미래에는 결국에는 승리할 것이라는 믿음과 현실의 가장 잔혹한 사실에 맞서는 규칙을 혼동해서는 안 된다"라고 말했지요. 이를 두고 콜린스는 '스톡데일의 역설Stockdale's Paradox'이라고 이름을 붙였습니다. 그 이유는 잔혹한 현실의 수용과 희망적 미래에 대한 확신이라는 다소 모순적인 사고방식이 공존했기 때문이었습니다.

스톡데일은 자신과 함께 포로수용소에 갇힌 사람들 가운데 낙천주의자들은 현실을 받아들이지 못하고 막연한 희망만 품었다고 말했습니다. 그들은 현실에 대한 냉정한 인식 없이, 그저 크리스마스가 오면, 부활절이 오면, 추수 감사절이 오면 자신들이 풀려날 것이라고 믿었다고 합니다. 하지만 크리스마스가 지나고, 부활절이 지나고, 추수 감사절이 지나도 상황은 달라지지 않았지요. 그런 현실을 거듭 경험하며 그들은 마음의 상처를 받아 궁극에는 희망을 잃고 말았고, 그 순간 삶의 끈을 놓치고 죽음에 이르렀습니다. 우리말의 낙관주의자와 낙천주의자를 영어에서는 모두 'Optimist'로 사용하는데요. 스톡데일이 말한 이들은 맥락으로 볼 때 '무조건적 낙관주의자', 즉 현실을 받아들이지 못한 낙천주의자들이었을 것입니다. 낙천樂天은 하늘 아래 모두를 기쁜 일로 생각하는 것이고, 낙관樂觀은 앞날을 희망차게 보는 것입니다. 합리적 낙관에는 미래에 대한 희망과 확신이 담겨 있지요.

전 세계를 휩쓸었던 코로나 팬데믹은 모두에게 '스톡데일의 역설'이 필요했던 시간이 아니었을까 싶습니다. 듣도 보도 못했던 이 새로운 질병이 언젠가는 확실히 종식될 것이라는 굳은 믿음과 더불어 암울한 현실을 받아들이고 미래에 대한 준비가 필요했던 시기였지요. 저는 이 시기를 '합리적 낙관주의'로 이겨냈습니다. 저처럼 강연으로 생업을 잇는 사람에게 코로나 팬데믹은 너무나 큰 타격이었습니다. 그 타격은 지금도 현재 진행형이지요. 저는 코로나로 인해 생업의 위기를 겪으면서도 대면 만남이 줄어든 시기를 활용해 그동안 전공 분야인 ESG에 관한 공부도 더 깊게 하고, 책도 집필하면서 다가올 미래를 대비했습니다. 덕분에 1인 기업의 리더로서 제 업에 새로운 비전을 제시할 수 있었지요.

합리적 낙관주의로
현실의 장벽을 넘어서라

합리적 낙관주의자로서의 마인드는 현실이 녹록지 않을수록 리더가 꼭 가져야 하는 자질입니다. 리더가 더 악착같이 챙겨야 할 태도이지요. 미군 최고의 사령관으로 꼽히는 조지 마셜George Marshall은 제2차 세계 대전에서 미국을 승리로 이끈 천재적 리더였습니다. 영국의 총리였던 윈스턴 처칠Winston Churchill은 그를 두고 "승리를 조직화하는 사람Organizer of Victory"이라 부르며 패배주의, 낙담, 환멸에 대항해 싸워 승리한 리더라고 평했습니다. 마셜은 종전 후 해리 트루먼Harry Truman 대통령의 내각에 들어가 국무장관과 국방장관을 역임했고, 자신의 이름을 딴 '마셜 플랜Marshall Plan'으로 서유럽의 공산화를 막았지요. 이와 같은 공로를 인정받아 1953년에는 노벨평화상을 수상하기도 했습니다. 세계를 이끄는 리더로서 입지 전적의 커리어를 쌓은 그는 전쟁이 한창이던 1920년 동료 장군 존 말로리John Mallory에게 보낸 편지에서 '전쟁에서 성공하는 리더의 4가지 조건'에 대해 다음과 같이 이야기했습니다.

① 상황은 어렵고, 사령관도 낙심해 있고, 모든 병사들이 비판적이고 비관적으로 보일 때, 리더는 특히 쾌활하고 낙관적Cheerful and Optimistic이어야 합니다.

② 저녁이 되고 모든 사람이 지치고 배고프고 의기소침해질 때, 특히 행군이 끝날 때나 전투에서 불리한 날씨에 있을 때, 당신은 조직의 안락함을 돌보고 점검하는 데 주목할 정도로 에너지를 보여줘야 합니다.

③ 당신 주변의 최고 지휘자들에게 개인적으로 생각과 행동에서 최대한 충성심을 나타내십시오.

④ 보고를 받을수록 더 두렵고 불안해지는 전투 상황이 많을수록 당신의 태도는 더욱 단호해져야 합니다. 부대에 지원을 요청하지 말고 공격을 주저하지 마십시오.

전쟁은 인간이 처할 수 있는 매우 극단적인 상황입니다. 리더의 판단 하나로 수많은 인명의 생사가 결정되고, 국가의 승패가 좌우되지요. 그런 상황 속에서 2번에 걸친 세계 대전을 승리로 이끈 명장 마셜이 강조했던 태도 역시 바로 '낙관'이었습니다. 낙관은 역경 속에서 빛을 발합니다. 반드시 승리해야겠다는 갈망이 성과로 승화되기 위해서는 암울한 현실을 직시하면서도 그 속에서 희망적인 미래를 봐야 합니다. 합리적 낙관주의의 사고방식을 가진 리더여야만 현실의 장벽을 넘어서서 새로운 미래를 개척합니다.

리더는 자기 분야의 '덕후'가 되어야 한다

MZ 세대를 이해하는 키워드, 취향

최근 조직 관리나 리더십 분야에서 중요하게 떠오른 키워드가 하나 있습니다. 바로 'MZ 세대'입니다. 이들이 사회생활을 시작하는 연령에 도달함에 따라 대거 조직으로 유입되면서 기존 세대와 이들 사이의 조화가 조직 관리의 중요한 이슈로 부상했습니다. 앞서 언급했지만, MZ 세대는 스펙트럼이 꽤 넓은 편입니다. 현재 나이를 기준으로 20대 초반부터 40대 초반까지를 아우르기 때문입니다. 그래서 같은 MZ 세대라고 해도 연령대에 따라 성향의 차이가 조금씩은 있습니다. 그럼에도 MZ 세대라고 통칭되는 데에는 몇 가지 공통점이 있습니다.

전문가들의 분석에 따르면 MZ 세대에는 대체로 다음과 같은 특징을 공유하고 있습니다. 무엇보다 자기 자신을 최우선으로 생각하며(개인주의), 자신의 성장과 체험에 기꺼이 주머니를 엽니다. 여행을 좋아하고 맛집이라면 오랫동안 줄을 서더라도 기다리는 이유이지요. 그리고 경쟁의식과 공동체 의식이 동시에 존재해서 SNS에 자신의 경험을 지속해서 올리는 등 아웃사이더가 되지 않으려고 자신을 노출하는 데 거리낌이 없습니다. 그래서 개인주의적인 성향을 띠면서도 인간관계를 유지하는 노하우에 무척 관심이 많습니다. 실제로 제가 출연했던 유튜브 클립에서도 인간관계를 다룬 콘텐츠는 조회 수가 적게는 50만에서 많게는 130만에 달합니다. MZ 세대가 MBTI에 열광하는 이유도 비슷한 맥락입니다. 타인의 성격을 몇 가지로 유형화하여 알고리즘에 따라 기술적으로 대응하고 싶어 하기 때문입니다.

이외에 가장 중요한 특징이 하나 더 있습니다. 바로 '취향'입니다. MZ 세대에게 취향은 그 무엇보다 존중받아야 하는 요소입니다. 각박한 현실 속에서 이들이 스스로를 지킬 수 있는 정체성은 본인의 취향뿐이기 때문입니다. '개취존중(개인의 취향 존중)'이라는 유행어는 MZ 세대의 가치관을 그대로 보여줍니다. 이런 맥락에서 같은 취향을 가진 사람들이 모이는 '커뮤니티'는 자기 취향의 정당성을 인정받고, 느슨하게 교류할 수 있으며, 취향이 바뀌면 언제든지 탈퇴할 수 있어 점차 인기가 많아지고 있습니다. 변화를 거듭하는 매체 환경과 날로 발전하는 알고리즘 기술도 MZ 세대의 취향에 대한 사랑을 더욱 견고하게 만들어주는 배경입니다. 수많은 OTT 플랫폼들은 인공 지능으로 이용자의 취향을 분석해 그가 선호할 만한 영상을 추천함으로써 취향의 개인화를 더욱 독려합니다.

'열심히 하는 자'는 '즐기는 자'를 이기지 못한다

자신의 취향, 자신이 좋아하는 것을 깊게 파고드는 사람을 두고 MZ 세대는 '덕후'라고 부릅니다. '덕후'란 일본어인 오타쿠御宅를 한국식으로 줄여서 부르는 말인데요. 본래 오타쿠는 '집' 혹은 '댁'이라는 의미의 단어였습니다. 그러다가 1970년대 무렵, 일본 내에서 이 단어의 의미가 확장되면서 '집 안에만 틀어박혀서 취미 생활을 하는, 사회성이 부족한 사람'이라는 의미가 더해졌지요. 처음에는 부정적인 뉘앙스가 강한 단어였던 셈입니다. 하지만 오늘날 한국에서는 '어떤 분야에 몰두해 전문가 이상의 열정과 흥미가 있는 사람'이라는 의미로 통용되는 중입니다. 이런 '덕후'들이 관심 분야에 몰두해서 관련 제품을 사서 모은다거나 관련 콘텐츠를 소비하거나 더 나아가 분석하고 생산하는 일련의 행동을 통틀어 '덕질'이라고 부릅니다.

MZ 세대는 진로를 결정할 때 '덕업일치'의 선택을 행복하고 이상적인 순간으로 여기는 경향이 비교적 짙습니다. '덕업일치'란 자신이 '덕질'을 하며 파고들던 일을 직업으로 삼는 것을 가리킵니다. 피아니스트 임윤찬은 반 클라이번 국제 피아노 콩쿠르에서 우승한 후 가진 인터뷰에서 "제 꿈은 모든 것을 버리고 산에 들어가서 피아노만 치며 사는 것인데, 그렇게 되면 수입이 없으니까 어쩔 수 없이 이렇게 살고 있다"라고 말해 화제를 모으기도 했는데요. 이 인터뷰를 읽고 난 뒤 그는 진정한 MZ 세대 피아노 덕후라는 생각을 했습니다. MZ 세대는 자신이 좋아하는 일로 돈도 벌면서 성공한 사람을 행복한 사람이라고 생각합니다. 세대가 다르기는 하지만 저도 깊이 공감하는 가치관입니다. 사람은 자신이 우선순위로 두는 분야나 과업이 자신이 좋아하는 일일 때 그 역할의 수행이 부담스럽지 않고 오히려 더 도전적으로 그 역할을 해내고 싶어 합니다. 이런 맥락에서 리더라면 덕후가 되어야 합니다. 2,500여 년 전 공자孔子도 "천재는 노력하는 사람을 이길 수 없고, 노력하는 사람은 즐기는 사람을 이길 수 없다"라고 말했지요.

슈퍼카 브랜드 페라리의 창업자 엔초 페라리Enzo Ferrari는 '덕업일치'를 이룬 대표적인 리더입니다. 그는 어릴 때부터 차를 좋아해 카레이서의 길로 들어섰는데요. 넉넉지 않은 가정 형편으로 카레이서로 일하기 어려웠던 시절에는 트럭 운전사로 일하면서 자동차와 잠시도 떨어지지 않았습니다. 미국 자동차 회사 포드의 리더 짐 팔리Jim Farley도 취미가 카레이싱이고, 10대 시절부터 포드를 대표하는 자동차인 머스탱을 몰 정도로 자동차에 진심인 사람이었습니다. 영국 프리미어 리그 토트넘 홋스퍼 FC의 감독 안토니오 콘테Antonio Conte도 '덕업일치'에서 빼놓을 수 없는 인물입니다. '축구에 미친 사람'이라는 말을 들을 정도인 그는 한 인터뷰에서 이렇게 이야기했습니다. "내가 가진 가장 커다란 첫 번째 목표는 내가 가진 열정을 선수들의 심장, 그리고 머리에 전달하는 것이다. 좋은 감독이란 선수들의 심장과 머리에 들어가 승리에 대한 열정을 각인시키는 것이다."

금융권 출신의 탄소배출 시장 전문가인 이수복 에코하이 대표도 덕업일치 리더입니다. 그는 대한민국 채권 시장의 선구자라 할 만큼 금융권에서 잔뼈가 굵은 금융전문가입니다. 그런 그가 자신의 실력과 경륜을 바탕으로 탄소배출권 시장에 뛰어든 것은 그리 놀랍지 않은 일입니다. 이대표는 한 인터뷰에서 '기후변화라는 질환에 병든 지구라는 환자를 위해 모든 사람이 의무를 다해야 한다'고 말했습니다. 자신만의 선의善意로 자본거래의 대상을 채권에서 탄소로 바꾼 것이지요. 리더는 자신이 잘하는 분야에서 좋은 일을 하는 사람입니다. 제 이야기를 덧붙여본다면 저는 '지식 덕후'입니다. 대학 졸업 후에 석사 학위 3개와 박사 학위 하나를 따며 약 10여 년간 자발적으로 공부를 할 만큼 지식을 쌓고 제 방식대로 체계화하는 일을 매우 좋아하기 때문입니다. 그 '덕질'을 바탕으로 지금 지식노동자로 살고 있으니, 저도 '덕업일치'를 이룬 사람이라고 자부합니다.

도전하고 파고들기 위해서는
'젊은 사고'가 필수다

덕후가 되려면 일단 사고思考가 젊어야 합니다. 아무리 연륜과 경험이 차고 넘쳐도 세상에는 늘 배우고 도전할 만한 새로운 일들이 존재합니다. 리더는 늘 새로운 것에 호기심이 넘치고 해 보고 싶은 일이 많아야 합니다. "내가 세상을 살아보니 별것 없더라"라는 말을 리더는 하지 않습니다. 연세가 들어서도 여전히 현역에서 뛰는 리더들을 만나보면 깜짝 놀랄 정도로 최신最新과 최근最近에 깊이 빠져 있었습니다. 대우그룹을 창업한 고 김우중 회장님이 "세상은 넓고 할 일은 많다"라고 했듯이 호기심을 유지하는 것도 리더의 역할입니다. 일본의 대표적인 생활용품 브랜드 무인양품MUJI의 디자인 전략을 총괄하는 하라 켄야原研哉는 한 일간지와의 인터뷰에서 "지력과 체력이 절정에 달하는 때를 예순다섯 정도로 잡고 싶다"라고 말한 바 있습니다. 그는 "나는 늘 '무인양품이란 무엇인가'라는 질문으로 머리를 쉴 틈이 없었다. 나는 행복하고 싶은 일이 있는 상태로 정의한다"라고 답했습니다. 참으로 놀라운 열정이지요. 이어서 그는 창의력의 원천으로 호기심을 꼽았습니다. 책상 위에서 가볍게 턱을 괴는 것만으로도 세계가 다르게 보인다면서 말이지요. 예순이 훌쩍 넘은 나이가 믿기지 않을 만큼 젊은 사고를 하는 인물이라는 생각이 들었습니다. 이처럼 도전하고 파고들려는 마음만 있다면 나이는 숫자에 불과합니다.

이와는 반대로 최근 들어 많은 기업에서는 젊은 세대들에게 리더의 자리에 오를 기회를 개방하는 추세이기도 합니다. 나이 든 세대의 연륜과 경험만큼 새로운 감각과 청년만의 열정이 기업의 중요한 성장 동력이라고 생각했기 때문입니다. CJ그룹의 이재현 회장님은 최근 역량과 의지만 있다면 나이, 연차, 직급과 관계없이 누구나 리더가 되는 문화를 만들겠다고 발표했습니다. CJ그룹이 리더의 처우, 보상, 직책을 '역할'과 '성과'에 따라서만 결정되도록 시스템을 바꾼 것은 리더가 사람이 아니라 역할임을 간파한 행보로 보였습니다. 리더들의 연령이 점차 젊어지는 이유를 단순히 세대교체로만 볼 일은 아닙니다. 일본전신전화공사의 경우에는 아예 30대부터 임원 후보를 뽑아 장기 육성하기도 하는데, 이들의 호기심과 도전 정신을 높이 평가했기 때문입니다. 반대로 아무리 젊더라도 호기심과 도전 정신이 부족하다면 그 사람은 리더의 자리에 오르기가 힘들 것입니다.

리더는 끊임없이 좋아하는 것을 파고드는 사람

리더가 자신이 좋아하는 것을 파고드는 일이나 새로운 것에 대한 호기심을 멈추면 이내 다른 생각을 하게 됩니다. 가령, 제가 만난 초급 임원 중에는 그전까지 자기 일을 너무 좋아해서 일에 미친 듯이 살다가, 막상 임원이 된 후에는 일 말고 다른 데 관심을 쏟는 경우가 제법 있었습니다. '이제 별을 달았으니 회사가 나를 영원한 자기 식구로 인정했구나'라고 안이하게 생각하는 것이지요. 그 결과 그간 보여줬던 몰입의 태도는 온데간데없이 사라지고 여기저기 임원 명함을 뿌리고 한도가 늘어난 법인 카드를 쓰기 바빠집니다. 그런 임원들이 오래가는 모습을 한 번도 본 적이 없습니다.

조직에서 승진을 시켜주는 이유는 단지 과거에 좋은 성과를 올렸기 때문만은 아닙니다. 과거에 일한 모습을 보니 앞으로는 더 잘할 것 같아서 더 높은 자리에 올려주고 권한을 주는 것이지요. 그러니 위로 올라갈수록 자신이 좋아하는 일을 더 깊게 파고들어야 합니다. 스타트업도 비슷합니다. 스타트업 리더들은 모여서 지금까지 이룬 것을 자랑하지 않고, 앞으로 이루고자 하는 바를 경쟁합니다. 스타트업의 목표는 딱 하나, '성장'이기 때문입니다. 자신과 자신의 조직이 세운 목표를 달성해내고야 말겠다는 긴장감과 경쟁심에 리더들은 더욱 '성과 덕후'가 됩니다.

'덕후'들의 특징 중 하나는 경쟁을 많이 한다는 점입니다. 제 후배가 한 캠핑 동호회에 들어갔는데, 정말 캠핑 덕후들이 많이 왔다고 합니다. 이들과 함께 전국의 캠핑장을 돌아다니며 한동안 캠핑을 즐겁게 했는데, 점차 캠핑 노하우부터 장비, 경험에 이르기까지 그 경쟁을 감당하지 못해 결국 동호회에서 탈퇴하고 말았다고 하더군요. 물론 취미의 영역은 그럴 수 있습니다. 하지만 한 조직을 이끄는 리더라면 그래서는 안 되겠지요. "우리가 그 정도까지는 아니라서…"라는 말이 리더의 입에서 나와서는 안 됩니다.

리더는 "우리가 그 분야에서만큼은 제대로 알지"라고 자신 있게 말하며 '경쟁 우위'를 선포할 수 있어야 합니다. 그러려면 자신의 업무 분야에 그 누구보다 깊게 빠져 있어야 합니다. 그래야 경쟁자를 제치고 업계의 정상에 다다를 수 있습니다. 제 주변의 성공한 리더들은 한결같이 이런 말을 했습니다. "제가 할 줄 아는 게 그것밖에 없어서요. 다른 재주가 없어서 그거 하나만 파고들다 보니 여기까지 왔네요." 겸손함 속에 내공이 느껴지는 한마디입니다. 조직을 성공으로 이끄는 리더는 이처럼 '미치면狂, 미친다及'는 정신으로 한 우물을 깊게 팔 줄 아는 사람이라는 사실을 꼭 기억하기를 바랍니다.

실패를 딛고 나아가면
언젠가 성공에 이른다

리더의 실패는 성공을 위해
꼭 필요한 자극이다

조직을 이끌며 일을 하다 보면 실패의 순간이 필연적으로 찾아옵니다. 늘 성공만이 이어지기는 어려운 일이지요. 실패했다는 사실은 리더가 열심히 일했다는 증거이기도 합니다. '항구에 정박해 있는 배는 풍랑을 만날 일이 없다'라는 말처럼 아무것도 하지 않으면 아무 일도 일어나지 않는 법이니까요. 조직에서 일하다가 문제가 생기는 것은 괜찮다고 어느 정도 실패를 용인해 주는 이유도 실패가 두려워서 아무것도 하지 않으면 성과도 나오지 않기 때문입니다. 물론 막상 문제가 생기면 공과를 따지는 것이 냉혹한 현실이기는 하지만요. 그러나 성과가 실패보다 압도적이면 큰 틀에서는 보통 성공으로 칩니다.

리더에게 실패는 비록 아프고 쓰리지만 강력한 자극이 됩니다. 이제는 너무 빤한 관용구가 된 듯하지만, 제가 리더십 강의를 할 때 늘 빼놓지 않고 하는 말이 있습니다. 바로 '실패는 성공의 어머니'라는 말입니다. 모든 리더에게는 실패라는 강력한 경험담이 하나씩은 있습니다. 제가 아는 분 중 '이동열' 대표라는 분이 있습니다. 이동열 대표는 20대부터 유통업에 뛰어들어 2003년에 '코리아테크'를 설립하고, 창업 10년 만에 회사 매출액이 200억을 돌파한 신화적 인물입니다. 하지만, 한국과 중국, 일본 등 국가 간의 갈등으로 심각한 매출 하락을 겪으며 영업이익은 창업 약 16년 만에 다시 적자로 돌아섰지요.

10년 만에 매출 200억, 다시 약 6년 만에 영업이익 적자, 경영자로 보면 크나큰 실패의 경험입니다. 그런데 2020년 이동열 대표는 화장품으로 승부수를 띄웠습니다. 그 브랜드가 바로 국민화장품 '가히'입니다. 이동열 대표는 과거 실패의 경험에 굴하지 않고 절치부심하여 지금에 이른 탁월한 리더입니다. 회사에도 나이가 있다며 100년 기업으로 회사를 키우겠다는 그는 분명히 지속 가능 리더입니다.

여러분은 그동안 살아오면서 실패와 같은 강렬한 자극을 받은 적이 있나요? 머리가 띵해지고, 세상이 달라 보이고, 사람이란 이런 존재였구나 하며 생각이 근본적으로 바뀌는 지경까지 이른 적이 있습니까? 저는 리더에게 실패와 같은 아프고 쓰라린 자극이 필요악이라고 생각합니다. 되도록 겪지 않으면 좋겠습니다만, 잘만 겪어낸다면 사람을 한 단계 발전시키는 동력으로 작용하기 때문입니다. 간혹 쳇바퀴 도는 듯한 일상이 지루하다고 투덜대는 사람들에게 저는 그렇게 사는 게 지루하면 새벽에 재래시장에 가서 정신을 차리고 오라고 말합니다. 치열한 생존 경쟁을 보며 순간적인 자극을 통해 삶의 태도를 리셋하라는 주문입니다. 실패도 생존을 위한 극한 자극입니다.

리더의 진면목은
실패의 순간에 드러난다

리더의 진가는 일을 하면서 맞닥뜨린 실패에 대처하는 태도에서 판가름이 납니다. 리더의 가장 큰 실패는 실패에서 아무것도 배우지 못하는 것입니다. 실패했다는 것은 결과가 좋지 않다는 말일 테고, 이는 그동안 들였던 돈과 시간, 노력이 모두 허공으로 날아갔음을 뜻합니다. 결과만큼 과정도 중요하다고는 하지만 그것은 팀원들에게 해당하는 말일지언정 리더에게는 맞는 말이 아닙니다. 리더는 이를 악물고 실패의 경험에서 다음에 있을 새로운 도전에 도움이 될 만한 무언가를 꼭 발견해내야 합니다. 이를 위해서는 실패한 결과와 대면하고 그 원인을 낱낱이 분석해야 합니다.

이쯤에서 저의 실패담을 꺼내보겠습니다. 저에게는 미국 뉴욕주 변호사 자격증이 있는데요. 단번에 자격증을 얻은 것은 아니고 한 번 시험에서 떨어졌습니다. 제가 한국에서 법학 석사 학위를 받았음에도 불구하고 많은 돈을 들여 미국 로스쿨에 진학해 또 석사 학위를 받은 이유는 미국 변호사가 되기 위해서였습니다. 한국에서 법학을 공부할 때는 딱히 적성에 맞는다고 생각했던 적이 없었는데, MBA 과정을 밟으며 접한 미국의 법은 흥미로운 구석이 있어서 로스쿨 입학까지 감행하게 된 것입니다. 첫 시험에서 저는 아슬아슬한 점수 차이로 낙방의 고배를 마셨습니다. 주관식 중에 유산 상속에 관한 가족법 문제가 있었는데요. 저는 그 문제에 대한 답을 거의 백지로 내면서 당연히 떨어지겠다고 예감했습니다. 진짜 떨어졌지요. 포기라는 선택지도 있었지만 저는 반드시 따야 하는 자격증이라고 마음을 먹은 데다가, 주변에도 미국 변호사 자격증을 따기 위해 유학을 한다고 워낙에 널리 알려놓은 상태라 포기할 수는 없었습니다.

재수再修를 하기 전에 재시험자의 합격률을 조사해봤습니다. 21%에 불과하더군요. 이 통계를 보고 나니 더 위축되었습니다. 하지만 이내 마음을 굳게 먹고, 우선 내가 왜 아슬아슬한 점수 차이로 떨어졌는지 분석하기 시작했습니다. 이유는 사실 간단했습니다. 공부가 부족해서였지요. 당시 저는 직장인 신분으로 일과 공부를 병행했던 터라, 절대적인 공부 시간을 이전보다 더 늘려서 확보하기가 불가능했습니다. 그래서 취약한 과목을 중심으로 공부 계획을 재편성했습니다. 나중에는 공부 시간을 더 확보하기 위해서 회사 앞에 숙소를 잡아두고 이동 시간을 줄이기도 했지요. 그렇게 배수진을 치고 사활을 건 채로 공부한 결과, 두 번째 시험에서는 자격증을 딸 수 있었습니다.

두 번째 시험을 준비하는 과정에서 있었던 경험담 하나를 더 이야기해볼까 합니다. 정말 풀지 않은 문제가 없을 정도로 준비를 탄탄히 하고 시험을 보러 갔습니다. 시험 전날 최종 정리를 하는데, 문득 한 가지가 머리를 스쳐 지나가더군요. 문제를 정말 많이 풀었는데, 기출문제 중 바로 제가 첫 시험에서 떨어진 결정적 이유였던 유산 상속 문제는 정작 다시 풀지 않았던 것이지요. 그 문제 때문에 떨어졌기 때문에 보기도 싫었고, 풀기는 더더욱 싫었고, 그래서 아예 1년 동안 들여다보지도 않았던 것입니다. 그래도 시간이 남았으니 아차 싶어 그때부터 그 문제만 4시간 동안 열과 성을 다해 풀어봤습니다. 무슨 운명인지 시험 2일 차에 그 문제가 주관식으로 나왔고, 이번에는 자신 있게 답을 적어 나갔습니다.

사실 시험 하나를 합격한 것에 불과하지만, 이 일은 제게 실패는 반드시 재방문Revisit해야 한다는 교훈을 안겨줬습니다. 실패를 대면하는 데에는 용기가 필요하고, 동시에 불편하기도 하지만 세상에서 마주하는 문제 중 절반은 기출문제이더군요. 비슷한 상황이 조금 바뀌어 다시 나타나기도 한다는 것이지요. 예전에 풀지 못했던 문제를 이번에는 풀어내는 것, 그것이 바로 실패에서 배우는 것이 아닐까 싶습니다. 그러니 어떤 일에 도전을 한 뒤 실패를 했다면 그 자리에 주저앉을 것이 아니라 기꺼이 자신의 실패를 대면하고 복기復棋해서 원인을 개선하고 다음번 도전에서는 같은 실패를 반복하지 말아야 합니다.

실패를 딛고 정상에 선
아름다운 리더들

　세상에는 여러 실패담이 존재하지만, 특히 스타트업 리더들의 실패담은 그 어떤 실패담보다 흥미롭습니다. 모바일 금융 플랫폼 '토스'를 운영하는 비바리퍼블리카 이승건 대표의 이야기는 그중에서도 단연 눈길을 끕니다. 그가 지금까지 경험한 사업 실패는 총 8번이라고 합니다. 실패 원인 중 상당수는 예상치 못한 거대 경쟁자의 출현 때문이었다고 합니다. 2011년에는 오프라인 만남을 기록하고 지인 관계를 인증하는 서비스인 '울라블라'를 내놓았는데, 그 직후에 유사한 기능을 가진 페이스북이 세상에 나왔습니다. 2013년에는 모바일 투표 앱인 '다보트'를 내놓았는데, 이후 카카오에서 비슷한 기능을 추가하는 바람에 사업을 접었답니다. 하지만 연이은 실패에도 굴하지 않고 실패한 아이템들을 통해 고객들이 원하는 바가 무엇인지 파악하고 개선해나가면서 계속해서 새로운 사업 아이템을 발굴했다고 합니다. 그 결과, 공인 인증서나 보안 카드 등의 복잡한 절차 없이 간편하게 송금할 수 있는 토스를 개발했고, 현재 가파르게 성장하고 있습니다. '7전 8기'가 아니라 '8전 9기'의 아름다운 성공담이지요.

평판 조회 플랫폼인 '스펙터'의 윤경욱 대표도 실패를 딛고 성공한 인물입니다. 그는 2015년 공동 구매 플랫폼 '타운어스'를 출시해서 대학을 중심으로 맞춤형 단체복을 판매했는데, 2020년 코로나 팬데믹으로 인해 단체 활동이 줄어들면서 사업이 더 이상 성장하지 못하는 어려움을 겪게 됩니다. 여기에 매출의 25%를 차지했던 중국 시장에 대한 이해 부족까지 겹쳐 활로를 제대로 모색하지 못한 채 사업을 접어야만 했습니다. 하지만 지금 그는 채용 시장에서 그 필요성이 절대적으로 급증하고 있는 평판 조회를 사업 아이템으로 발굴해 해당 서비스를 제공하는 플랫폼을 운영하면서 전성기를 열어나가고 있습니다.

한국을 대표하는 숙박 예약 플랫폼인 '야놀자'의 이수진 대표도 처음부터 성공한 사람이 아닙니다. 그는 2000년대 초반 그간 모은 종잣돈으로 샐러드 배달 사업을 시작했는데, 시장에 대한 이해 부족으로 사업에 실패했다고 합니다. 온라인 투자연계 금융기업인 '렌딧'의 김성준 대표가 처음에 도전했던 사업은 핀테크 분야가 아니었습니다. 그는 2011년 미국에서 패션 커머스 플랫폼 '스타일세즈'를 창업했지만, 우리나라와는 달리 배송 기간이 길고 배송료가 비싼 현지 사정을 고려하지 못한 것에 더해

반품 문제까지 확대되면서 사업에 실패합니다.

앞선 사례들 외에도 수많은 스타트업 대표들이 초기 창업에서 바로 성공하지 못하는 이유는 다양합니다. 법률적인 검토가 미숙해서, 단기간에 성과를 내려고 조급해서 등 다양한 이유로 수많은 창업자들이 실패의 잔을 들이킵니다. 그렇다면 결국엔 성공하는 리더와 실패에서 끝나는 리더의 차이점은 무엇일까요? 바로 실패로부터 새롭게 학습하고 재도전하는지 여부입니다. 앞에서 예시로 언급한 스타트업 대표들도 모두 적게는 1~2번, 많게는 8번 이상 사업에서 실패를 겪었습니다. 하지만 실패로부터 의미 있는 교훈과 인사이트를 발견하고 재도전했다는 공통점이 있습니다. 엄청난 회복탄력성을 보유한 리더들이기도 한 셈입니다.

리더는 신神이 아닙니다. 리더는 패배와 실패를 모르는 절대적인 존재가 아닙니다. 그러니 실패 그 자체에 두려움을 가질 필요가 없습니다. 실패로부터 배워서 지난 실패를 뒤엎을 만한 압도적 성공을 거두면 궁극적으로 성공한 리더로 기억됩니다. 미국의 유명 주간지인 〈타임〉의 칼럼니스트 매슈 사이드Matthew Syed는 《블랙박스 시크릿》에서 '폐쇄 회로Closed Loop'와 개방 회로Open Loop'의 사고방식에 관해서 이야기했습니다. 이 책의 부제는 '왜 대부분의 사람들은 실패에서 배우지 않는가, 하지만 어떤 사람들은 실패에서 배운다Why Most People Never Learn from Their Mistakes. But Some Do'입니다. 사이드에 따르면 사람들은 실패하고 나서 2가지 방식으로 반응합니다. 첫 번째는 폐쇄 회로 방식으로 사실(현실)을 부정하고 신념을 바꾸지 않는 경우입니다. 가령, 금연에 실패하면 '어차피 담배를 끊으면 살이 찌는데 뭘…' 하고 계속해서 자기가 원하는 해석만 하면서 실패를 무시합니다. 두 번째는 개방 회로 방식으로 자신의 실패를 인정하고 신념을 바꾸고 해석을 새로이 하는 경우입니다. 그가 책 제목에 '블랙박스'라는 단어를 쓴 이유는 항공업계에서 사고가 났을 때 실패를 되돌아보고 재발을 방지하기 위해 반드시 블랙박스를 찾아내어 실패의 원인을 찾고 개선책을 강구해 사고를 줄여나가고자 한데에서 착안한 것이라고 합니다.

실패에서 멈추지 않고
한 단계 더 성장하려면

리더가 실패에서 배우려면 자기 자신에 대한 '비난 심리'부터 극복해야 합니다. 리더가 '실패 학습력'을 키우려면 우선 실패했을 때 스스로 가하는 비난을 비롯해 수치심, 분노, 좌절 등을 견뎌내야 합니다. 그런 감정들을 회피하지 말고 있는 그대로 대면해야 합니다. 회피하면 실패는 트라우마로 남지만, 대면하면 실패에 대한 학습력이 생깁니다. 앞에서 저의 실패담 중 하나로 미국 변호사 자격증 시험에 낙방한 이야기를 했습니다만, 그 외에 제가 경험한 실패는 무궁무진합니다. 과장일 때는 당일 통보로 하루아침에 해고를 당한 적도 있고, 부장일 때는 팀장에서 팀원으로 강등되기도 했습니다. 임원이 되고 나서는 회사의 법률적인 문제를 책임지는 법무 임원으로 일하다 보니 재판에서 패소하거나 사법 기관 등에서 조사가 나오면 직을 잃을까 봐 수도 없이 노심초사하곤 했습니다. 사내 정치와 뒷담화의 희생양으로 루저 취급을 받아본 적도 물론 있습니다. 그때마다 늘 좌절하고 주저앉기보다는 왜 이런 일이 내게 벌어졌는지를 생각하며 실패의 원인을 추적하고 없애거나 줄여나갔습니다.

이를 두고 기업 경영에서는 '포스트 모템Post Mortem'이라고도 하는데요. 포스트 모템을 우리말로 바꾸면 '사후 부검' 정도가 적합할 것입니다. 부검은 사람이 원인 불명의 이유로 사망했을 때 그 원인을 파악하기 위해 사망한 사람의 몸을 검시하는 것인데요. 기업의 운영에서도 이러한 과정이 필요합니다. 실패의 원인을 총체적으로 분석하고 대책을 수립하여 같은 실패를 반복하지 않으려는 것이지요. 하지만 포스트 모템보다 더 좋은 것은 '사전'에 실패를 방지하는 '프리 모템Pre Mortem'입니다. 그러기 위해서 리더는 이견異見을 허용할 줄 알아야 합니다. 이견을 구하고 리더의 오류를 사전에 자각하게 하는 방법으로는 앞서 언급했지만, 내부에 '레드팀'을 두는 것입니다. 미국의 심리학자 브레네 브라운Brené Brown은 《리더의 용기》에서 리더들에게 자신을 존중하면서도 자신이 취약한 점이 무엇인지 인정하고 솔직하게 말해주는 '공정성 특공대Square Squad'를 주변에 둘 것을 권했습니다. 이 또한 일종의 레드팀이지요.

사자성어 중에 '전패위공轉敗爲功'이라는 말이 있습니다. 실패를 성공의 계기로 삼는다는 뜻입니다. 리더의 성과는 리더가 자신의 역할을 하는 동안 달성한 성취와 실패의 총합으로 평가합니다. 즉, 중간에 부침을 겪고 얼마간의 실패와 난관이 있을지라도 결과적으로 큰 성과를 달성했다면 그는 성공한 리더로 인정받습니다. 그리고 그 성공 여부는 팀원과 조직이 평가합니다. 영화에서 해피 엔딩을 정의하는 것은 결국 관객인 것처럼 말이지요. 지금 실패를 경험하고 있는 리더에게 다음의 2가지만큼은 꼭 전하고 싶습니다. 지금의 이 실패가 당신의 다가올 성공을 위한 발판이라고, 실패는 리더를 성장시키는 자극일 뿐, 최종적인 결과가 아니라고요. 당신이 기꺼이 실패하고 재기할 의지만 있다면 말입니다.

第六章

端正 단정

**: 초심과 중심을 잃지 않는
깔끔한 태도**

일과 삶에서 좋은 습관을
반복적으로 유지하라

일상을 단정하게 유지시키는
놀라운 힘, 루틴

제가 쓴 《직장인의 바른 습관》은 루틴의 중요성을 강조한 책입니다. '루틴Routine'이란 일상적이고 규칙적으로 일하는 순서와 방법입니다. 루틴은 크게 '인지적 루틴'과 '행동적 루틴'으로 나뉩니다. 인지적 루틴은 자신의 머릿속에서 부정적인 모습을 없애고 성공적인 모습만 떠올리는 긍정적인 자기 암시입니다. 행동적 루틴은 자신만의 습관적인 행동으로 심리적인 안정감을 되찾는 것을 가리킵니다. 루틴이라는 말에는 이미 장기적으로 지속 중이라는 뜻이 포함되어 있는데요. 늘 긴장감으로 새로운 시합이나 공연에 임해야 하는 운동선수나 예술가들의 경우 눈에 띄는 루틴을 가지고 있습니다.

세계적인 테니스 선수 노박 조코비치Novak Djokovic는 자기 관리를 위해 피자와 같은 밀가루 음식이나 설탕은 일절 먹지 않는 습관을 유지하고 있다고 합니다. 호주 오픈 테니스 대회 홈페이지에는 조코비치에 대해 '그의 가장 큰 업적은 지속성이다'라고 쓰여 있을 정도로 그의 루틴 관리 능력은 탁월합니다. 조코비치와 쌍벽을 이루는 테니스 선수인 라파엘 나달Rafael Nadal에게도 12가지 루틴이 있다고 합니다. 그중 일부를 소개하자면 경기 45분 전 찬물 샤워, 경기장에는 오른발부터 딛기, 벤치에 도착하면 관중석을 바라보며 점프하고 재킷 벗기, 에너지 드링크를 마신 뒤에는 물 마시기 등입니다.

루틴은 동작이나 절차를 반복함으로써 자신을 리셋하는 일련의 생각과 행동을 총칭합니다. 즉, 루틴은 의도적으로 자동화된 행동이나 생각이지요. 그냥 무심코 행하는 버릇이 아니라, 계획적이고 일관된 방식으로 수행하면서 몸과 머리에 밴 행동과 생각입니다. 루틴의 가장 큰 특징인 반복성은 에너지를 아껴준다는 장점이 있습니다. 새로운 생각이나 행동을 할 때 우리는 많은 에너지를 사용합니다. 하지만 한번 습관이 되면 그것을 하는 데 예전만큼 에너지를 소모하지 않게 됩니다. 즉, 건강한 루틴이 있다면 불필요한 에너지의 낭비를 막을 수 있는 셈이지요. 루틴을 수행함으로써 우리는 어떤 일을 하는 기초 체력을 쌓을 수 있습니다. 반복적인 수행을 통해 그 일을 안정적으로 해내는 능력을 얻는 것이지요.

　루틴 없이 하루를 시작하기 어려운 지경이 되면 우리는 그 루틴을 이제 '리추얼Ritual'이라고 부릅니다. 습관적으로 하던 행동이 하나의 의식儀式으로 격상된 것입니다. 그렇다고 해서 거창하고 무거운 의식이나 행사를 뜻하는 것은 아닙니다. 하루를 보낼 때든, 프로젝트를 수행할 때든 반드시 하고 넘어가야 하는 조그만 이벤트라고 보는 편이 좋습니다. 루틴이나 리추얼은 자기 관리를 하고 싶은 사람들이라면 누구에게나 필요한 삶의 기술이지요. 특히 리더에겐 루틴이나 리추얼이 중요합니다. 루틴이나 리추얼은 리더의 태도를 늘 가지런하게, 즉 단정하게 만들어주기 때문입니다.

리더에게 루틴이
필요한 이유

리더는 단정端整해야 합니다. 리더의 품행은 깨끗이 정리되어 가지런해야 합니다. 시대에 따라 중요하게 생각되는 경영 가치는 늘 변화합니다. 최근 들어 리더의 자질로써 도덕성과 인성이 부각되는 것은 윤리 경영을 중시하는 시장의 반응과도 무관하지 않습니다. 이제 사회는 조직을 이끄는 리더들에게 일만 잘할 것을 요구하지 않습니다. 실력은 기본이고 여기에 도덕성과 인성까지 두루 갖춘 모범적인 리더들을 원합니다. 그리고 자기만의 고유한 루틴은 리더가 초심을 잃지 않고 늘 한결같음을 유지할 수 있도록 돕는 보호대로 기능합니다.

제가 예전에 모시던 어떤 부사장님은 오전 7시 전에는 아랫사람들에게 보고를 일절 받지 않으셨습니다. 큰 조직을 이끄는 리더치고는 조금 남다른 부분이었지요. 대신 매일 아침 30분 동안 하루도 거르지 않고 독서 시간을 가지셨지요. 저의 아침 루틴은 현관문 앞에 놓인 조간신문 7개를 집어 들고 와서, 고양이 세수를 한 뒤, 커피를 내리고, 탁자에 앉아 신문을 차례대로 읽는 것입니다. 이 루틴을 다 마치고 나면 하루를 시작할 준비가 되었음을 온몸으로 느낍니다. 루틴을 꼭 일과의 앞에 놓을 필요는 없습니다. 일과 중 어느 순간이든 반복적으로 하는 활동이 있다면 그것이 루틴입니다. 세계적인 바이올리니스트 양인모는 하루에 2번씩 산책을 한다고 합니다. 또 2시간에 한 번씩 녹차를 마시고, 오후 시간과 잠들기 전에 명상을 한다고 합니다. 일과 곳곳에 루틴이 배어 있는 생활이지요.

사실 리더의 역할을 하면서 일상에서 루틴을 만들어 실천하기는 쉽지 않습니다. 반복적으로 어떤 행동을 집중해서 의식적으로 하려면 잠깐이라도 시간을 내는 여유가 필요한데, 리더는 해야 할 일이 정말 많습니다. 그러므로 앞서 언급했던 부사장님의 사례처럼 기준을 정해놓고 '이 시간만큼은 내가 나를 위한 루틴의 시간으로 써야 하니 그 무엇에도 양보할 수 없다'라는 마음가짐을 갖고 루틴을 수행할 필요가 있습니다. 조직을 위한 업무를 비롯해 다른 사람들을 위해 내 시간을 하나둘 내어주다 보면 정작 나 자신을 챙길 시간을 확보하기가 어렵습니다. 따라서 '시간이 없으면 만든다'는 생각으로 하루에 10분이라도 자신을 단정하게 추스를 루틴의 시간을 꼭 갖기를 권합니다.

MZ 세대는 그 어느 세대보다 루틴 만들기에 열성이라고 합니다. '습관 성형'이라고 해서 나쁜 습관은 없애고, 좋은 습관으로 일상을 채워가려는 것이지요. 아침 일찍 일어나 자기만의 시간을 의미 있게 보내는 '미라클 모닝', 아침에 일어나자마자 생각나는 대로 글을 적어 내려가며 자기 안의 창조성을 발견하는 방법인 '모닝 페이지 쓰기' 등이 모두 좋은 습관을 형성하고자 하는 MZ 세대의 자기계발적 욕구에서 비롯된 현상입니다. 흥미로운 것은 MZ 세대가 루틴을 세워가는 과정인데요. 이들은 루틴 형성의 과정을 홀로 진행하지 않고 다양한 앱이나 커뮤니티 등을 활용해서 동료들과 함께해나가는 특성을 보입니다. 젊은 세대다운 참신하고 능동적인 방법이지 싶습니다. 사실 좋은 습관을 형성한다는 것은 재미없고 따분한 일일 수도 있는데, 챌린지처럼 함께해나가면서 서로 경쟁도 하고, 독려도 하며 목표를 달성해가는 것이지요.

리더에게 필요한 루틴 ①
개인적 차원

리더는 어떤 루틴을 갖는 것이 좋을까요? 리더의 루틴은 '개인적 루틴'과 '업무적 루틴'으로 나눌 수 있습니다. 우선 개인적 루틴에 대해 알아보겠습니다. 리더는 루틴으로 자신의 역할을 다할 수 있는 활력을 마련해야 합니다. 리더에게 부여된 가장 큰 역할 중 하나는 팀원들이 어려울 때 버팀목이 되어주는 것입니다. 그래서 리더에게는 버티는 힘을 유지하고 강화하는 루틴이 필요합니다. 제 경우에는 회사에서 상사의 결재를 받기 전 심호흡을 크고 깊게 한 번 하고, 양복 소매 양쪽을 한 번씩 당기는 과정이 그런 힘을 마련해주는 루틴이었습니다.

이것이 행동적 루틴이라면 인지적 루틴도 물론 있었습니다. 가령, 팀원이 문제를 일으켜서 면담할 때의 루틴이었는데요. 저는 '문제를 함께 고쳐나갈 것인지, 아니면 당사자에게 해결의 과정을 모두 맡길 것인지' 제 나름의 판단을 먼저 내리고 면담에 임했습니다. 물론 그 선택은 면담 과정에서 바뀌긴 했지만, 막연히 이야기를 듣기보다는 어떻게 할지 미리 생각하고 가는 인지적 루틴을 세움으로써 실제 면담에서 집중력과 분별력을 잃지 않을 수 있었습니다. 이처럼 루틴은 리더가 차분함을 유지하게 해주는 좋은 삶의 기술입니다.

미국의 퍼스트레이디였던 미셸 오바마Michelle Obama는 아시안 리더십 콘퍼런스에서 백악관에서의 삶을 이렇게 회상했습니다. "아침에는 총기 난사로 자식을 잃은 부모를 만나 손을 부여잡고 울다가도 밤이 되면 백악관 잔디밭에서 파티가 열리는 삶을 살아내야 했다." 하루 사이에도 극단을 오고 가는 상황을 마주하고, 매 상황에 맞는 역할을 해내야 했던 퍼스트레이디의 삶이 고스란히 묻어나는 말이지요. 그는 롤러코스터 같은 일상과 바위로 짓누르는 듯한 중압감을 버텨낸 비결로 '이성理性과 차분함'을 꼽았습니다. 이처럼 리더는 혼란하고 정신없이 돌아가는 환경 속에서도 차분함을 유지해야만 문제에 제대로 집중할 수 있고 현명하게 대응할 수 있습니다. 리더에게 루틴이 꼭 필요한 이유입니다.

리더에게 필요한 루틴 ②
조직적 차원

리더에게 루틴은 개인적 차원에서 리프레시의 효과뿐만 아니라 업무적으로도 일관성과 효율성을 가져다줍니다. 업무적 루틴이란 일을 시작하기 전이나 혹은 하는 중에 꼭 하는 프로토콜 Protocol을 가리킵니다. 가령, 일을 시작하기 전에 반드시 팀별 킥오프Kickoff 미팅을 하고, 모든 회의를 기록으로 남기고, 프로젝트가 끝나면 리포트를 내는 것들이지요. 일이 잘 풀리지 않은 채 마무리가 되었다면 포스트 모템 과정을 통해 오류의 재발을 방지하는 일련의 절차 역시 업무적 루틴입니다. 저는 사내 변호사로 각종 M&A를 반복하는 과정에서 저만의 업무 루틴을 만들었습니다. 그랬더니 일의 효율성과 속도가 점점 증가하더군요. 리더는 특히 반복되는 업무에 관해서는 매뉴얼을 만들어 업무 루틴을 형식화할 줄 알아야 합니다. 리더는 역할이기 때문에 해당 리더가 직에서 물러나더라도 그가 그 일을 하면서 구축한 형식지는 다음 사람에게도 그대로 전수되어야 합니다. 그래야만 조직이 지속 가능할 수 있을 테니까요. 루틴은 개인적 차원에서뿐만 아니라 조직적 차원에서도 꼭 필요합니다.

그런데 루틴과 매너리즘은 구별할 필요가 있습니다. 이 둘은 전혀 다른 개념이기 때문입니다. 매너리즘Mannerism은 항상 틀에 박힌 일정한 방식을 채택하여 신선함, 창의성 등을 상실하는 태도를 일컫습니다. 매너리즘은 안정성이라기보다는 나태함으로 함축됩니다. 루틴은 나를 매번 일정한 위치에 고정시켜 솔루션을 찾게 만드는 생산적인 삶의 기술이지만, 매너리즘은 나를 놓아버리고 상황이 흘러가는 대로 내버려두는 방목에 가깝습니다. 제가 많은 후배들을 코칭해본 결과, 매너리즘은 번아웃 뒤에 따라오는 경우가 많더군요. 조직에서 열심히 일하다 보면 에너지가 소진되기 마련인데, 그럼에도 불구하고 주어진 일을 해야 하는 상황이 닥치면 이때 뇌는 최소한의 의사 결정만 하는 상태에 이릅니다. 바로 매너리즘에 빠져 일하는 상태이지요. 문제는 이런 매너리즘이 계속되면 뇌가 쉬운 생각조차 하려고 들지 않고, 결국엔 파업을 하고 맙니다.

루틴은 개인뿐만 아니라 조직에도 필요하다

지금까지는 리더라는 개인의 역할 차원에서 루틴의 필요성을 역설했습니다만, 조직의 범위에서도 루틴은 꼭 갖춰야 합니다. 조직은 위기가 닥치기 전에 상황을 통제하고 관리하고 싶어 합니다. 조직이 일상 점검을 철저히 하고, 위기 체제를 상시화하겠다는 말은 모두 조직의 규칙이 같은 원칙 아래에서 돌아가는지 살펴보겠다는 말과 같습니다. 즉, 루틴이 늘 정확히 작동하는지를 보겠다는 것이지요. 어떤 조직이든 조직의 루틴을 엉망으로 만들어놓진 않습니다. 군대처럼 엄격한 조직은 아침부터 밤까지 점호로 루틴을 유지합니다. 반대로 경계가 느슨해지면 엄격한 루틴을 유지하는 군대에서도 사고事故가 발생합니다. 이는 기업도 마찬가지입니다. 기업 내부에 도덕적 해이가 발생하면 루틴이 무너지면서 각종 사고가 빈발합니다. 현장에서 발생하는 산업 재해에서부터 경영진의 탈세와 탈루 등은 모두 조직 내 기강과 루틴이 무너졌기 때문에 벌어지는 사고입니다.

기업 경영에서 위기관리는 원상회복과 같은 말입니다. 기업이 원래의 자리를 벗어났을 때 우리는 위기라고 부르고, 그 위기를 벗어나서 다시 제자리로 돌아왔을 때 일단 위기를 잘 관리했다고 합니다. 물론 기업이 그전보다 더 나은 위치로 회복하는 경우도 있지만, '눕기 전에 앉으라'는 인도 속담처럼 일단 기존의 위치를 되찾아야만 재도약의 기회도 생깁니다.

기업의 경영 활동은 건전한 루틴을 통해 단단하게 뿌리를 내린 뒤, 바깥 변수에 맞춰 경영 환경, 시장 상황, 경쟁 구도 등에 창의성과 유연성을 발휘하는 '외부 대응'의 연속입니다. 이때 '건전한 루틴을 통해 단단하게 뿌리를 내린 것'이 바로 그 기업의 핵심 가치입니다. 기업의 핵심 가치란 예기치 않은 문제가 발생했을 때 '우리는 무엇을 중요하게 생각할 것인가?', '무엇이 우리 행동의 기준이 될까?'라는 질문에 대한 정답지입니다. 이 핵심 가치가 흔들리면 행동 기준이 사라지면서 그 조직은 '답이 없는 집단'이 되고 말지요. 즉, 건전한 루틴을 잃으면 조직은 결국 붕괴할 수밖에 없습니다.

조직은 문제를 잘 푸는 리더를 좋아합니다. 조직에 문제가 발생했을 때 언제나 그 자리에서 문제를 해결하는 주체가 되기 위해 '대기' 중인 리더를 좋아합니다. 그런 리더가 되려면 늘 정신적·육체적으로 건강한 상태여야 합니다. 그런 건강함은 리더가 보내는 일상의 건강함에서 비롯되고, 일상의 건강함은 건전한 루틴을 토대로 만들어집니다. 일과 조직을 위해 늘 반복적으로 좋은 습관을 수행하는 리더는 그 자체만으로 성실함과 꾸준함이 증명됩니다. 조직이 요구하는 리더의 자질 중에 끈기가 있음은 물론입니다.

제가 아는 어떤 사장님은 아무런 일이 없어도 매일 5명에게 연락을 한다고 합니다. 새로운 인연을 만들 수 있는 기회를 선사하는 루틴이지요. 제가 아는 어떤 교수님은 매주 일요일 아침마다 무슨 일이 있어도 세차를 직접 한다고 합니다. 일주일 동안 강단에서 쌓인 스트레스를 벗어내는 의식이겠지요. 늘 일과 사람에 쫓겨 나를 삶의 중심에 놓을 겨를도 없이 살았다면 오늘부터라도 자신만의 리더다운 루틴을 만들어보는 것은 어떨까요? 그 루틴을 반복하다 보면 머지않은 미래에 분명 지금보다 일에서, 그리고 삶에서 한 단계 더 발전한 자신을 발견할 수 있을 것입니다.

평판이 곧 자신의
얼굴임을 기억하라

당신의 모든 행동이
곧 평판이 된다

미국 코네티컷대학교 경영학과 오경조 조교수는 '상사의 업무에 대한 비판적 피드백Critical Feedback이 직원과 조직 등에 미치는 영향'이라는 흥미로운 연구를 했습니다. 연구 결과, 그는 회사 내에서 '평판'이 나쁜 상사가 부하 직원들에게 일에 대해 비판적 피드백을 줄 경우 당사자인 부하 직원은 이를 상사가 조직 내에서 자행하는 무례한 행위로 간주하는 경향이 높다는 사실을 밝혔습니다. 특히 비판적 피드백을 받은 부하 직원이 자신의 상사와는 달리 업무적으로 사내에서 좋은 '평판'을 받고 있다면 이들이 상사의 피드백 이후 조직 내 대인 관계에서 일탈 행위를 일으킬 가능성이 크다고도 말했습니다. 결론은, 어떤 조직이든 구성원이 납득할 만한 실력과 평판을 가진 리더를 임명해야 하는 것이 중요하다는 내용입니다.

평판이란 정확하게 무엇을 의미할까요? 평판은 '사람들이 가진 사회적 기억Social Memory'입니다. 한두 사람이 기억하는 '인상Impression'이 아닌, 여러 사람의 머릿속에 각인된 일종의 '심상Mental Picture'입니다. 그래서 한번 자리를 잡은 평판은 쉽게 사라지거나 바뀌지 않습니다. 어느 날 경찰이 여러분의 집에 찾아와서 이웃에 관해 묻는다면 여러분은 이웃에 대한 과거의 기억을 심상화해서 말할 것입니다. "음… 그분은 제 기억에 늘 성실했어요. 한번은 눈이 많이 온 날 새벽에 혼자서 다른 집 앞에 쌓인 눈까지 치우고 계시더라고요." 평판을 물어보면 사람들은 그 사람에 대한 자신의 인식을 마치 그림을 묘사하듯 말합니다.

평판은 얼핏 '퍼스널 브랜드Personal Brand'라는 말과 헷갈립니다. 이 둘은 다른 개념입니다. 퍼스널 브랜드는 개인을 자산화해서 호의를 갖게 해주는 마케팅 기법입니다. 2008년 MIT 슬론경영대학원에서 출간한 보고서인 〈브랜드와 평판을 혼동하지 마라〉에 따르면, 브랜드는 제품과 서비스에 중점을 둔 '고객 중심 적' 개념이고, 평판은 회사가 이해관계자들의 신뢰와 존경에 집 중하는 '기업 중심적' 개념입니다. 퍼스널 브랜드와 개인 평판도 마찬가지입니다. 평판은 마케팅 기법이 아니라 '사람' 그 자체 에 관해 말해줍니다. 영국 버진그룹의 회장 리처드 브랜슨Richard Branson은 "당신이 사업을 하면서 얻는 것은 오직 당신에 대한 평 판뿐이다"라고 말했습니다. 특히 리더의 평판은 리더가 움직이 는 조직과 분리될 수 없다는 점에서 그 중요성이 더 큽니다.

《부의 추월차선》의 저자 엠제이 드마코MJ DeMarco는 이 책에 서 개인이 부의 서행차선에서 벗어날 수 있는 탈옥 카드로 평판 을 제시했습니다. 평판은 개인의 추월차선이 되기도 하지만, 서 행차선으로 작용하기도 하고, 때로는 교통사고를 일으키기도 합니다. 그만큼 평판의 힘은 무시할 수 없을 만큼 영향력이 대단 합니다. 인도의 격언 중에 '당신의 평판은 넘치든 모자라든 당신 을 알리는 역할을 한다'가 있습니다. 취업 준비생이나 이직을 하 려는 사람들은 물론이거니와 정치인의 경우에는 평판이 당락을 결정짓기도 합니다. 연예인이나 운동선수 등도 이제는 재능이 나 실력만 뛰어나면 인기가 보장되던 시절이 지나갔습니다. 학 교 폭력과 같은 과거의 옳지 못한 행적으로 은퇴를 하거나 활동을 잠시 접는 스타들을 얼마나 많이 봤나요? 게다가 요즘은 인터넷의 발달로 폭로가 다양한 루트로 일상화되었습니다. 늘 몸가짐과 마음가짐을 바로 하지 않으면 언제 어디서 화살이 날아들지 알 수 없는 세상이지요.

리더의 평판을
갉아먹는 행동들

리더가 자행하는 평판 훼손 행위에는 무엇이 있을까요? 유감스러운 행동, 예를 들면 갑질이나 폭언, 폭력, 범죄 등 리더가 수행해야 하는 역할에 역행하는 도덕적 불순 행동들이 모두 평판 훼손 행위에 속합니다. 미국의 패스트푸드 체인 맥도날드의 스티븐 이스터브룩Stephen Easterbrook은 사내 여직원들과의 불미스러운 사건으로 인해 이사회 의장에서 사임했고, 1억 500만 달러(한화로 약 1,245억 원)에 달하는 퇴직금 전액을 반납해야만 했습니다. 글로벌 공유 오피스 체인 위워크의 애덤 노이만Adam Neumann은 공금 횡령 및 마약 투여 논란으로 리더의 자리에서 내려와야 했습니다.

이 책 전반에 걸쳐 반복적으로 말씀드리지만, 리더는 사람이 아니고 역할입니다. 리더는 개인이나 조직의 사업적 필요를 충족시키고 목표를 달성하는 역할을 24시간 내내 해야 합니다. 예전에 아는 분이 큰 언론사 사장과 티타임을 가졌는데, 그 자리에서 사장이 자사의 신문 구독을 권했다고 합니다. 지인은 너무 소소한 부탁이라서 한 번 놀랐고, 자신의 역할에 충실했던 그 리더의 태도에 또 한 번 놀랐다고 합니다. 삼성그룹 고 이건희 회장님은 1993년 독일 프랑크푸르트에서 신경영을 선언하면서 "자식과 마누라만 빼고 다 바꾸라"고 임직원들에게 주문했습니다. 변화와 혁신을 위해 자기 역할에 철저할 것을 강조한 명언이지요. 이처럼 리더는 늘 자신에게 주어진 역할에 전심全心을 다해야만 합니다.

자신에게 과도한 보상을 하는 것도 리더가 자행하는 평판 훼손 행위 중 하나입니다. 공공 기관이든 대기업이든 스타트업이든 리더가 자신의 활동에 대해 적정한 보상을 받는 것은 중요합니다. 그런데 회사 사정이 어려운데 꼬박꼬박 보너스까지 챙기려는 도덕적 해이를 보이는 리더나, 고객에게 피해를 주면서 자신은 한 푼도 손해를 보지 않으려는 탐욕스러운 리더가 있습니다. 이후에 알음알음 밝혀지면 자신의 평판을 갉아먹는 아주 좀스러운 행동들입니다.

리더를 위한 현명한
평판 관리 비법

리더가 자신의 평판을 관리하는 방법은 무엇일까요? 지금 소개할 이 방법은 개인뿐만 아니라 회사나 조직에도 그대로 적용할 수 있습니다. 저처럼 1인 기업가인 경우, 대표 개인에 대한 평판이 곧 회사의 평판으로 직결되기도 하지요. 평판 관리 방법을 알아보기 전에 우선 이해해야 할 것이 있습니다. 바로 '평판 기반Reputation Foundation'입니다. 사람들이 평가와 판단을 하는 근거를 알 수 있다면 그것을 잘 관리하여 좋은 평판을 만들 수 있습니다. 사람들은 평판을 할 때 몇 가지 기준을 가지고 판단합니다. 리더의 자리에 있는 사람의 경우에는 그 사람의 성정, 이미지, 철학, 리더십, 대외 활동, 업무 성과 등이 평판의 기반으로 작용합니다. 이 평판 기반이 다른 사람과 견줬을 때 좋은 방향에서 독특하고 차별화될수록 그 리더의 평판은 좋기 마련입니다.

평범한 평판 기반으로는 욕은 안 먹을지 몰라도 좋은 평판을 만들기는 어렵습니다. 독특하고 차별화된다는 것은 단순히 눈에 띄게 튀라는 뜻이 아닙니다. 그 사람을 떠올렸을 때 단번에 떠오르는 이미지와 그것을 확인해주는 데이터나 스토리가 있어야 한다는 의미입니다. 그런 이미지와 데이터를 쌓고자 한다면 우선 리더는 자신이 사람들에게 어떤 평판을 듣고 싶은지를 스스로 정리해야 합니다. 이에 대해서 소크라테스는 아주 직관적이고 명확한 명언을 남겼습니다. '좋은 평판을 갖는 방법은 당신이 보이고 싶은 모습이 되도록 노력하는 것이다.'

사실 한 조직을 이끄는 리더로서 별다른 평판이 없는 것은 불행한 일입니다. 흔히 리더는 대과大過가 없어야 한다는 말이 있는데, 이는 그 리더가 평타를 쳤다는 말이기도 합니다. 큰 실수도 인상적인 성과도 없는 것이지요. 리더는 자신이 수행한 역할에 또렷한 족적을 남길 필요가 있습니다. '호랑이는 죽어서 가죽을 남기고 사람은 죽어서 이름을 남긴다'라는 속담도 결국 평판에 관한 이야기입니다.

리더는 자신이 사람들에게 듣고 싶은 평판에 맞춰 행동해야 합니다. 워런 버핏은 "평판은 쌓는 데 20년, 무너지는 데 5분이 걸린다. 그것을 안다면 당신은 다르게 행동할 것이다"라고 했습니다. 저는 직장생활을 할 때는 '합리적이다'라는 말을 많이 들었습니다. 저에 대한 평판이었지요. 타인에게 폐를 끼치는 것도 싫어하고, 상대가 선을 넘는 것도 싫어해서 그 중간 지점을 찾다 보니 그런 평판이 생긴 것 같습니다. 지금 제가 가장 듣고 싶은 평판은 '겸손하다'입니다. 제가 죽을 때까지 듣고 싶은 평판이기도 합니다. 저를 만났던 인연들이 '겸손' 하면 '문성후'를 떠올릴 만큼 겸손한 리더로 각인을 남기고 싶습니다. 지금 여러분은 주변에서 어떤 평판을 듣고 싶은가요?

리더가 자신만의 평판상評判象을 만들었다면 그다음으로 해야 할 일은 그 평판을 사회적 기억으로 남기기 위해 자신이 만든 평판상이 반영된 언행을 현실에서 반복해야 합니다. 겸손을 평판상으로 잡은 제가 일상에서 늘 반복하는 행동 중 하나는 업무로 뵙는 모든 분에게 허리를 굽혀 인사하는 것과 반드시 감사함을 표시하는 것입니다. 1인 기업의 대표로 7년째 일하다 보니 거대한 조직의 힘이 없는 제게 기꺼이 일을 주는 분들에 대한 감사함을 절실하게 느끼게 되더군요. 그분들이 저를 찾아주는 것은 제가 잘나서가 아니라 그분들이 저를 잘 봐줬기 때문이라는 생각이 들었습니다. 그런 마음을 잃지 않고 싶어 저는 앞으로도 제 고객들에게 계속 허리 굽혀 인사하고, 감사함을 표현하고자 합니다.

이처럼 리더는 자신의 평판을 유지하기 위해 차별성과 반복성을 모두 가져야 합니다. 세계적인 화장품 브랜드 엘리자베스 아덴의 창업주 엘리자베스 아덴Elizabeth Aden은 "반복은 평판을 만들고 평판은 고객을 만든다"라는 말을 남겼습니다. 리더가 자신이 남들에게 보이고 싶은 차별화된 평판상을 만들었다면 그것에 맞는 행동을 반복함으로써 자신이 원하는 평판 또한 만들 수 있습니다.

평판은 남이 써주는 이력서다

리더가 어떻게 위기를 극복하는지도 중요한 평판 기반으로 작용합니다. 영화 〈인턴〉에서 주인공 벤은 취업용 인터뷰 셀카를 찍으면서 이렇게 말합니다. "나는 충성심이 깊고, 믿음직스러우며, 위기에 강합니다." 벤의 이 말은 리더가 가져야 할 최소한의 태도와 역량이기도 합니다. 리더는 역할의 특성상 늘 위기에 처할 수 있습니다. 리더가 겪을 수 있는 위기는 개인적인 위기에서부터 팀 내의 업무적인 위기, 조직 차원의 위기까지 다양합니다. 리더는 위기에 처하면 마치 벙커에 빠진 공을 잘 쳐서 빼내야 하는 골퍼처럼 팀원을 비롯해 주변을 의식하게 됩니다. 그 과정에서 조급함도 생기고, 심지어 비이성적인 사고를 하기도 합니다. 그러다 보면 자연스레 평판이 추락하기도 합니다. 위기관리란 떨어진 평판을 원상회복하는 것입니다. 이 과정을 잘해낸다면 전화위복으로 그전보다 더 나은 평판을 얻기도 합니다. 그러나 보통의 경우 평판을 제자리에 가져다 놓을 수만 있어도 성공입니다.

리더가 평판 추락의 위기를 극복할 때 가장 먼저 해야 할 것은 '사과謝過'입니다. 리더들이 사과를 할 때 흔히 저지르는 잘못 중 하나는 '우선 사실 파악을 하고 책임질 부분이 있으면 책임지겠다'라며 가정법의 표현을 사용하는 것입니다. 저는 사내 변호사와 법무 임원General Counsel으로 일했던 사람인지라 리더에게 사과문에 대해 조언할 때 주변에서 가정법으로 문장을 구사하라고 이야기하는 것을 충분히 이해합니다. 무조건인 사과를 한다면 자칫 모든 책임을 떠안아야 하는 상황이 발생할 수도 있기 때문입니다.

하지만 리더를 하나의 역할로 본다면 리더의 사과문에서 가정법은 사라져야 합니다. 리더, 특히 공인이나 중책을 맡은 인물에게 사람들은 일종의 사회적 기대를 겁니다. 비겁하게 뒤로 숨지 않고, 사태를 온전히 책임지며, 문제를 조속히 해결하는 모습을 보고 싶어 하지요. 리더에게는 그런 사회적 기대에 부합하는 행동을 할 의무가 있다고 생각합니다. 그래야만 그 사과를 대중들이, 고객들이 진심으로 받아들입니다. 책임을 지는 과정에서 경제적 손실은 어느 정도 발생하겠지만, 그 리더에 대해 사람들은 진심과 최선을 다해 문제를 해결한다는 인상을 받게 됩니다. 리더가 그런 평판을 얻는 것이 장기적으로는 기업 운영에도 더 도움이 됨은 물론입니다.

지금까지 남들의 시선은 신경 쓰지 않고 그저 묵묵히 일만 해온 리더였나요? 그렇다면 이제부터라도 적극적으로 의식하면서 자신만의 평판을 만들어가길 바랍니다. 만일 실수를 했다면 진심 어린 사과를 통해 전화위복의 계기로 삼는 자세가 필요합니다. 평판은 남이 써주는 내 이력서라는 사실을 잊지 마세요. 여러분이 평판을 먼저 생각한다면 늘 자신의 몸가짐, 마음가짐을 바르게 하는 단정한 리더가 될 수 있을 것입니다.

지속 가능한
리더십을 추구하라

시대가 요구하는
경영의 새로운 공기, ESG

저는 리더의 역할이 하나로 정해져 있다고 생각하지 않습니다. 오히려 리더의 역할을 고정화하는 것에 반대하지요. 리더가 경영 환경에 발맞춰 자신의 역할을 변화할 줄 모르면 기업이 쇠망하기 때문입니다. 리더가 변신하지 못하는 것은 유죄입니다. 리더는 새로운 경영 사조에 늘 민감해야 하고, 그 과정에서 돈의 흐름을 찾아 수익을 높이거나 조직이 목표하는 바를 정교하게 달성해야 합니다. 기업의 흥망사를 보면 그 배경은 대부분 리더가 공기空氣의 흐름을 간과했기 때문이더군요.

21세기 경영의 흐름은 단연 ESG입니다. ESG는 새로운 공기입니다. 한때는 디지털이 기업의 생존을 위해 꼭 알아야 하는 경영 필수 용어였던 것처럼 이제는 ESG가 경영의 필수 용어가 되었습니다. ESG라는 용어는 2004년 국제연합UN이 발표한 〈먼저 관리하는 자가 승리한다〉라는 보고서에 처음 등장했습니다. 그로부터 약 15년 후 ESG는 전 세계 국가, 기업, 조직, 개인의 행동 지침이 되었습니다. 블랙록 같은 대형 자산 운용사와 각국의 연기금들이 ESG를 실행하지 않는 기업으로부터는 돈을 회수하고, 잘 수행하는 기업에는 더 투자하고 있으니 기업은 ESG를 잘하지 않을 수 없었습니다. 기업으로서는 ESG가 당근이자 채찍인 셈이지요. ESG는 한마디로 우등생에게 모범생까지 되라는 투자자들의 주문입니다.

세계적인 경제학자이자 시카고학파의 대표 주자인 밀턴 프리드먼Milton Friedman이 주주제일주의를 주창한 1970년에는 기업이 돈을 잘 벌어 주주에게 수익만 많이 가져다주는 우등생이면 되었습니다. 그로부터 약 50년간 주주제일주의는 기업이 추구하는 불변의 가치였지요. 그러다 2018년 블랙록 회장 로렌스 핑크Lawrence Fink가 주주 서한에서 본격적으로 ESG를 표방한 이후로 기업의 경영 문법은 바뀌었고, 갑자기 '이해관계자 자본주의Stakeholder Capitalism'가 등장했습니다. 이제는 기업에 이해관계자를 존중하며 사회적 이익이 높은 방법으로 돈을 버는 모범생이 되라는 투자자들의 주문이 쏟아지기 시작한 것이지요.

ESG는 왜 명사가 아니고 형용사일까요? 2004년 발표한 보고서에서 UN은 '기업이 ESG 이슈를 잘 다룰 때 투자자들은 그 기업을 밀어줄 것이다'라는 취지로 ESG를 강조했습니다. ESG는 앞에서도 여러 번 언급했지만, '환경, 사회, 지배 구조에 관한 이슈Environmental, Social, and Governance Issues'의 약자略字입니다. 즉, ESG는 이미 20여 년 전부터 전 지구적인 문제로 급부상했던 이슈였지요. 그런데 이런 중대한 이슈를 기업이 외면하고 돈만 벌고자 한다면 그 기업, 더 나아가 인류는 지속 가능한 미래를 약속할 수 없는 상황이 되었습니다. 즉, 기업이 ESG 이슈를 풀지 않으면 인류의 지속 가능한 발전은 없을 것이고, 기후 위기도 현재보다 더 악화될 것이며, 이해관계자들의 성원과 지지를 받지 못해 결국 그 기업은 외면당할 것이라는 UN의 조언이었지요. 오늘날 리더들은 ESG 이슈를 잘 풀어나가야 하는 능력도 갖춰야 합니다. 리더가 어떻게 해야 자신이 속한 조직의 지속 가능성을 확보하고, ESG 시대에 걸맞은 리더십을 갖출 수 있는지 학습하는 것은 리더가 해결해야 할 '이슈'가 되었지요. 그렇다면 그 이슈를 해결하는 열쇠는 무엇일까요?

기업과 리더는
왜 존재하는가?

모든 기업에는 애초에 그 기업이 '존재하는 목적Why They Exist'이 있습니다. '기업은 누구를 위해 존재하는가?', '기업은 무엇을 하기 위해 존재하는가?'라는 질문에 대한 답이 바로 기업의 목적입니다. 2019년 미국의 비즈니스 라운드 테이블(미국 200대 대기업 CEO들로 구성된 협의체)에 속한 CEO들은 한자리에 모여 2012년 채택했던 '주주를 위한 기업 존재'라는 목적을 2019년 '사회, 협력사, 투자자, 고객, 종업원 등 이해관계자를 위한 기업 존재'로 변경했습니다. 기업의 목적을 새롭게 정의하는 것이 ESG 시대를 맞이하는 기업의 첫 과제였기에 '목적 경영Purpose Management'이라는 말도 등장했습니다. 기업이 누구를 위해, 무엇을 하기 위해 존재하는지에 대한 답을 찾는 것은 ESG 시대를 맞이한 리더의 첫 번째 숙제이기도 합니다. 그리고 ESG 이슈를 해결하는 열쇠는 바로 '리더의 목적'을 고민하는 것입니다.

《나는 왜 이 일을 하는가?》의 저자 사이먼 시넥Simon Sinek은 자신의 책에서 'Why → How → What'의 방식으로 일의 목적을 찾는 '골든 서클Golden Circle'을 주장했습니다. 리더는 목적을 찾고, 방법을 제시하며, 최종적으로 제안을 합니다. 이는 기존 사고방식의 역순입니다. 그에 따르면 최고의 리더는 최고의 추종자이기도 해서 그들은 자신보다 더 큰 목적, 원인 또는 믿음을 따릅니다. 지속 가능한 리더가 되기 위해서는 먼저 자기 존재의 목적을 찾아야 합니다. 사실 리더의 목적이 처음부터 거창할 필요는 없습니다. 성공한 리더들의 인터뷰를 찾아보면 대부분 "어쩌다 보니 여기까지 왔습니다"라며 겸손함과 동시에 진솔하기도 한 자신의 시작을 곧잘 이야기합니다.

홀푸드마켓의 공동 설립자 존 매키John Mackey는 저서《리더는 목적을 먹고 산다》에서 리더십은 권력을 누리는 자리에 앉아 있는 사람이 아니고 조직의 목적을 위해 봉사하는 여정을 걸어가는 사람이라고 했습니다. 그는 리더의 목적의식을 이야기하며 에이브러햄 링컨Abraham Lincoln 대통령의 예를 들었습니다. 그가 정치를 시작할 때부터 노예제를 종식하고 미국의 역사를 새롭게 쓰려고 했던 것은 아니라는 것이지요. 다만, 정치인으로 오랫동안 복무하면서 시간의 흐름에 따라 목적의식이 점차 강해졌고, 그 결과 노예제 폐지라는 놀라운 업적을 세우며 국가의 운명까지 좌우하게 된 것이라고요. 이처럼 한 개인의 목적의식은 조직, 사회, 공동체, 심지어 국가에까지 영감을 줍니다. 처음에는 한 사람의 의미 있는 삶에 대한 탐색에서 시작된 여정이지만, 그 여정에 다른 사람들이 동의하고 참여하면서 개인의 목적의식은 집단적인 힘과 에너지로 변모하고 그 과정에서 많은 사람들이 풍요로워지는 것입니다.

저도 직장인에서 1인 기업가로 커리어를 전환하면서 리더로서의 역할이 바뀌었습니다. 임원으로 일했을 때는 조직 안에서 주어진 인적 자원, 물적 자원을 효율적으로 운영해 맡은 임무를 최대한 '가성비' 좋게 완수하는 것이 제 역할이었습니다. 1인 기업가가 되자 제 역할에는 흔히 말하는 '셀프 리더십'이 많이 가미되었습니다. 저 자신이 곧 조직 자체이자 브랜드이기 때문에 제가 가지고 있는 자산들을 먼저 털어봐야 했지요. 경험, 지식, 체력, 재능, 인맥 등을 탈탈 털어서 그것들을 밑천 삼아 제가 가장 잘할 수 있는 분야에 모두 쏟아 넣어야 했지요. 그 결과, 제가 선택한 업은 연사이자 작가였습니다. 지금 제 업의 목적은 사회생활에 어려움을 겪고 주변에 조언자가 없는 사람들에게 저의 암묵지와 형식지를 담아 답을 제시해주는 것과 그 과정에서 돈을 버는 것입니다. 책이나 강연, 유튜브는 모두 그것을 달성하기 위한 도구이고요. 우리는 어린아이들에게 종종 나중에 커서 무엇이 되고 싶은지 묻습니다. 결과만 먼저 묻는 것이지요. 그런데 그 전에 물어야 할 것이 있습니다. 누구를 위해, 무엇을 위해 일을 하거나 직업을 갖고 싶은지 물어야 합니다. 만일 여러분이 일의 목적과 이유를 찾아냈다면 이미 리더로서 큰 첫걸음을 내디딘 셈입니다.

ESG 시대에 걸맞은 리더의 행동 양식

리더가 일의 목적과 이유를 찾아냈다면 그다음에는 그에 걸맞은 실행을 해야 합니다. 예를 들면 ESG 시대에 걸맞게 리더가 추구하는 목적이 사회적 이익도 얻으면서 경제적 수익도 올리는 것이라면 우선은 기존의 돈 버는 방식을 개선해야겠지요. 기업이 돈만 버는 것은 어렵지 않습니다. 극단적으로는 조폭처럼 돈을 벌 수도 있습니다. 불법이라 다른 사람이 안 하는 일, 남을 무조건 희생시키는 일, 사회적인 기여는 전혀 고려하지 않는 일만 골라서 하면 분명 돈은 벌 수 있습니다. 도덕적 해이에 빠졌거나 불법과 위법을 넘나들며 합법으로 가장했던 기업들의 행태도 사실 이와 크게 다르지 않습니다. 하지만 이제 그런 방식으로 돈을 벌면 예전보다 훨씬 더 큰 비난을 받고 엄격한 잣대를 통해 사회적 판결이 내려집니다.

리더가 옳은 방법으로 성과를 내는 것은 기본 중의 기본입니다. 여기 한 리더가 있습니다. 이 리더는 사람들로부터 존경을 받으며 돈을 버는 것이 가장 중요한 존재 이유입니다. 이제 이 리더는 2마리 토끼를 모두 잡아야 합니다. 사회에도 도움이 되고, 조직에도 도움이 되는 최대 공약수를 찾아야 하지요. 이 리더는 목적을 분명하게 정했으니, 이제 방법만 찾으면 됩니다. 사실 이유Why와 방법How을 찾으면 '무엇을 할지What'는 저절로 따라옵니다. 이 리더는 가장 먼저 사회적 이익을 얻는 방법을 찾아야 합니다. 리더가 사회적 이익을 얻기 위해서는 일단 사회에 플러스가 되려고 노력하는 것보다는 마이너스가 되는 부분을 없애려고 노력하는 편이 효과적입니다. 즉, 당면한 이슈와 문제부터 해결해야 하지요.

여기서 중요한 것은 리더가 잘 모르는 분야에 진입해서 문제를 해결하려고 해서는 안 된다는 것입니다. 음식 쓰레기를 줄이면서 요리를 잘하는 법은 요리사가 잘 알지, 의사가 잘 알진 못합니다. 리더는 자신이 잘 아는 분야의 문제를 먼저 해결해서 사회적 이익을 높이는 선택을 하는 것이 좋습니다. 그렇다면 리더가 가장 잘 아는 분야는 무엇일까요? 바로 본인이 일하고 있는 사업 분야입니다. 성공한 리더는 모두 장인입니다. 장인은 자신이 무엇을 해야 할지 정확히 알고, 그것을 잘해내는 사람입니다. 리더가 사회적 문제를 해결하는 가장 좋은 방법은 자신이 잘 아는 사업 분야, 즉 현재 자신이 몸담고 일하며 돈을 벌고 있는 분야에서 찾는 것이 좋습니다.

리더가 자신의 분야에서 사회적 문제를 찾아 해결하다 보면 워낙 그 분야를 잘 알다 보니 또 그 안에서 돈을 벌 기회가 보입니다. 즉, 사회적 이익을 높이기 위해 노력하면서 동시에 경제적 수익을 늘릴 기회도 포착하는 셈이지요. 마케팅이란 고객의 불편을 해소하는 것이라는 말이 있습니다. 사회적 불편을 해소하다 보면 거기에서 또 하나의 마케팅 영감이 떠오를 수 있지요. ESG 시대의 탁월한 리더는 세답족백洗踏足白을 실천하는 리더입니다. 즉, 남의 빨래를 내 발로 꾹꾹 밟아 깨끗하게 해주다 보면 내 발뒤꿈치까지 깨끗해지듯이 다른 사람의 문제를 해결하다 보면 나에게도 좋은 일이 생긴다는 믿음을 확고히 가져야 합니다. ESG 시대에 걸맞은 지속 가능한 리더십이란 바로 그러한 방법으로 문제도 해결하고 기회도 만들어내는 것입니다. 일하는 목적과 이유가 또렷하면 리더는 학습하고 연구하며 방법을 찾아낼 수 있습니다.

지속 가능한 리더십을 갖춘
리더만이 살아남는다

리더가 목적을 찾아내고 방법을 실현해야 하는 이유는 리더라면 현재에만 머물러서는 안 되기 때문입니다. 창업을 했거나, 전문 경영인으로 일하거나, 심지어 저처럼 1인 기업체를 운영하거나 모든 리더에게는 하나의 같은 숙명이 있습니다. 바로 자신보다 조직이, 기업이 더 오래 살아남을 수 있게끔 일해야 합니다. 무병장수할 수 있다면 더없이 좋은 일이고요.

1987년 UN에서 발간한 〈우리의 공통된 미래〉라는 보고서에서 지속 가능한 발전은 현재 세대가 미래 세대에게 필요한 것을 빼앗지 않아야 가능하다고 말했습니다. 리더 중 하수는 과거에 머물러 있어 현재의 답도 과거에서 찾는 리더입니다. 트렌드를 사용하는 것이 아니라 트렌드와 맞서 싸우다가 결국 트렌드에 지게 됩니다. 리더 중 중수는 현재에 안주해 현재는 잘하고 있으니 당대當代의 성취에만 만족하며 자신의 업적만 생각하는 이기적인 리더입니다. 리더 중 고수는 현재를 잘 경영하면서도 미래를 준비하는 리더이지요.

SK그룹 최태원 회장님은 오래전부터 아무도 주목하지 않았던 사회적 가치 경영을 추진했습니다. 당시에는 사회적 가치가 도대체 무엇인지, 그래서 기업이 돈은 벌겠는지 모두 의아하고 불안해했습니다. 하지만 SK그룹은 오래전부터 사회적 가치를 실천하고 기업의 가치를 축적해왔습니다. 지금은 많은 기업들이 SK그룹의 교본을 벤치마킹하고 있지요.

LG그룹은 매년 고 구본무 회장님이 제정한 'LG의인상'을 시상합니다. 국가를 위해 헌신하는 공직자와 타인을 위해 살신성인한 일반인들을 찾아내 포상하고 사회의 귀감으로 삼아 널리 알리는 사업의 일환이지요. 그래서일까요? 2022년 〈한경ESG〉라는 ESG 전문 매거진에서 선정한 최고의 ESG 브랜드 중 LG그룹의 5개 계열사가 톱 10에 포진하는 결과를 얻었습니다. LG그룹의 리더십은 단순히 숫자로만 매길 수 없는 엄청난 무형 자산임은 물론입니다.

21세기의 리더는 다변하는 환경에 맞춰 자신의 역할을 적극적으로 바꿀 줄 알아야 합니다. 시대가 바뀜에 따라 최고의 리더상은 늘 변화해왔습니다. 제가 MBA를 하던 시절에는 최고의 리더로 GE의 잭 웰치가 손에 꼽혔습니다. 엄격한 품질 관리와 1,700여 건이 넘는 기업 M&A가 그의 주특기였지요. 요즘 최고의 리더 중 손꼽히는 인물은 마이크로소프트 대표인 사티아 나델라입니다. 사람과 시장에 공감하며 기업의 진정한 존재 이유와 목적을 고민하는 리더이지요. 리더는 미래를 향해 목적의식을 가지고 계속해서 자신의 역할을 개선해나가야 합니다. 그것이 바로 지속 가능한 리더십의 핵심입니다.

태도는 리더의
모든 것을 말해준다

우리는
태도의 주인이다

태도는 마음가짐, 모양새, 자세, 입장 등 다양한 뜻이 있습니다. 태도가 이렇게 다양한 뜻을 가지게 된 이유는 마음가짐, 즉 생각과 자세는 떼려야 뗄 수 없이 긴밀한 관련이 있기 때문입니다. 어떤 자세를 취하는지에 따라 생각이 달라지고, 어떤 생각을 하느냐에 따라 자세가 바뀝니다. 리더의 자리에 있으면 더욱 그렇습니다. 윌리엄 셰익스피어는 "원래부터 좋고 나쁜 것은 없다. 생각이 그렇게 만들 뿐이다"라는 말을 했지요. 미국의 무용가 마사 그레이엄Martha Graham은 "몸은 절대 거짓말을 하지 않는다"라고도 했습니다. 사람의 몸과 마음은 따로 놀지 않습니다. 그 모든 것이 한데 어우러져 표현되는 방식이 바로 태도입니다.

리더십 전문가 존 맥스웰John Maxwell은《리더십의 법칙 2.0》에서 리더십은 지위보다 태도의 문제라고 했습니다. 이 책의 한 챕터인 '태도의 법칙'에서 그는 미국의 유명 목회자 찰스 스윈돌 Charles Swindoll의 말을 인용하며 태도의 중요성을 일갈했지요. 스윈돌은 오래 살수록 태도가 삶에 미치는 영향이 더욱 실감이 날만큼 커진다고 말하며, 자신에게는 태도가 사실보다도 중요하다고 고백했습니다. 그에 따르면 태도는 과거나 교육, 돈, 환경, 실패, 성공, 타인의 생각이나 말, 행동, 외모나 재능, 기술보다 중요합니다. 다행스럽게도 우리는 매 순간 어떤 태도를 보일지 선택할 수 있습니다. 나의 과거도, 다른 사람들의 생각이나 행동도 우리는 바꿀 수 없지만, 나의 태도만은 바꿀 수 있습니다. 저는 특히 그의 이 말이 인상적이었습니다.

"인생의 10%는 내게 일어나는 일이고, 90%는 그 일에 대한 나의 반응이다. 우리는 태도의 주인이다."

훌륭한 리더들의 특징은 일찍부터 태도가 중요하다는 사실을 간파했다는 점입니다. 리더로 일하다 보면 여러 가지 문제를 만납니다. 아무리 경험 많은 리더라 할지라도 리더는 일의 영역이 확장될수록 계속 새로운 문제를 만납니다.

저도 1인 기업의 대표로서 7년을 보냈는데, 매번 생각지도 못했던 문제들이 등장하더군요. 책 한 권을 출간한 새내기 작가 시절에는 저를 어떻게 포지셔닝 해야 할 줄도 몰라 갖은 애를 썼습니다. 그러다 점차 시간이 지나자 대중이, 고객이, 거래처가 저의 자리를 찾아주고 저에게 역할을 할당해줬습니다. 그다음에야 경쟁자들이 보이더군요.

리더가 되려면 그 역할을 해내는 방법에서 차별화를 꾀해야 하기에 이번에는 어떻게 해야 제가 돋보일 수 있을지 궁리를 했습니다. 그러다 보니 다른 경쟁자들에 비해 제가 우위를 보이는 부분, 예를 들면 쉽게 풀어 설명한다든지, 위트를 담아 무겁지 않게 지식을 전달한다든지 하는 노하우가 점차 발전하기 시작했습니다. 와중에 콘텐츠와 해당 콘텐츠를 생산하는 인물에 대한 대중들의 기대 수준이 예전보다 높아졌음을 느꼈습니다. 저역시 강연자로서 퀀텀 점프가 필요했지요. 그때까지 제가 강연하던 여러 주제 중 가장 시대적 흐름에 맞았던 주제는 ESG였습니다. 하지만 ESG 분야도 금방 레드 오션이 되더군요. 저는 다시 한번 저만의 콘텐츠를 찾아 다이빙해야 했습니다. 그것이 지금 제가 리더십에 푹 빠져 있는 이유 중 하나입니다. 주변에서는 제게 어떻게 그렇게 많은 책을 쓰고 활발한 활동을 하느냐고 묻곤 합니다. 그때마다 저는 그 분야의 프로가 되기 위해 부지런히 강의 주제를 바꾸고, 캐릭터를 가다듬으며 시장이 제게 맡기는 역할을 그때그때 충실히 수행해내고 있을 뿐이라고 대답합니다. 현실적인 필요가 태도를 만들기도 하지요.

리더의 역할은 변해도
태도의 중요성만은 불변의 진리다

리더는 사람이 아니고 역할입니다. 그 역할을 잘해내기 위해 리더로 일하는 사람은 올바른 태도를 지녀야 합니다. 영국의 극작가 조지 버나드 쇼George Bernard Shaw는 "당신 자신을 깨끗하고 바르게 하라. 당신은 당신이 세상을 바라보는 창窓, 그 자체이기 때문이다"라는 말을 했습니다. 세상을 바라보는 시야는 리더가 어떤 역할을 해내야 하는지에 따라 달라집니다.

빌 게이츠의 사례를 한번 들여다볼까요? 아시다시피 그는 마이크로소프트의 창업자입니다. 그가 마이크로소프트를 이끌 당시 마이크로소프트의 조직 문화는 굉장히 경쟁적인 것으로 유명했습니다. 하지만 현재 그는 자신의 이름을 딴 재단을 만들어 지구상의 질병과 가난을 없애기 위한 자선 단체의 리더로 활동 중입니다. 냉정하고 공격적인 승부사에서 인류를 위한 자선가로 변신한 것이지요.

그 과정에서 빌 게이츠라는 사람의 인성이 바뀌었을까요? 그럴 수도 있겠습니다만, 역할이 달라졌다고 보는 것이 더욱 정확합니다. 그는 사업가라는 역할에서 자선가라는 역할을 자신에게 새롭게 부여하고, 그것에 맞춰 태도를 바꿨습니다. 이렇듯 리더는 자신에게 주어진 역할에 따라 변화하며, 그 변화에 따라 얼마든지 달라질 수 있습니다. 명배우가 어떤 배역이든 소화해내는 것처럼 말이지요. 리더는 새로운 문제를 만나고 해결해나가다 보면 사람이 달라집니다. 우리는 이런 리더의 변화를 두고 사람이 달라졌다며 부정적으로 이야기합니다. 사람이 달라졌다기보다 역할이 달라졌다고 해야 옳습니다. 변화된 역할을 이해한다면 리더의 많은 변화가 이해가 됩니다.

하지만 리더의 역할이 변화한다고 할지라도 리더가 지켜야 할 황금률은 동서고금을 막론하고 불변입니다. 바로 태도가 중요함을 인식하고 올바른 태도를 실천하는 것입니다. 태도의 중요성에 대한 글 중 제가 가장 인상 깊게 읽은 글은 최인아책방의 최인아 대표님이 〈동아일보〉에 기고한 칼럼이었습니다. 그제목은 '태도가 경쟁력이다'로, 내용을 요약하자면 '재능에 싹을 틔우고 꽃을 피워내는 것은 노력이 아니라 태도라고 생각한다, 나도 한때는 능력주의자였으나 마흔 이후로는 태도주의자로 노선을 바꿨다, 유행과 실패에도 흔들리지 않고 자신을 믿고 존중하는 태도를 만나야 재능은 비로소 꽃을 피운다'는 것이었는데요. 이 글을 마주했던 2021년 무렵, 저는 그전부터 태도에 관한 책을 집필하고자 이에 대한 화두로 머릿속이 꽉 차 있었습니다. 그때 마침 대표님의 태도에 대한 글에서 제가 당시 갖고 있었던 태도에 관한 생각과 상통하는 지점을 발견하고 전율했던 기억이 납니다.

리더의 성공 여부는 태도에서 시작해 태도에서 끝을 맺는다

저는 세계사에서 멋진 리더를 남녀별로 각각 한 명씩 꼽아달라는 질문을 받으면 늘 이 두 사람을 이야기합니다. 영국의 수상

윈스턴 처칠과 독일의 총리 앙겔라 메르켈Angela Merkel입니다. 두 사람은 모두 어려운 시대 상황 속에서도 리더로서 자신들의 역할을 침착한 태도로 완수해낸 인물이라는 공통점이 있습니다.

처칠은 제2차 세계 대전 당시 나치 독일군의 공습으로 공포에 떠는 영국 국민을 위해 침착함과 냉정함을 유지하며 결국 전쟁을 승리로 이끈 거인입니다. 정치 지도자에게 전쟁만큼 커다란 위기는 없습니다. 그는 위기를 회피하지 않고 전면적으로 대응하겠다는 의지를 전 국민 앞에서 보여줬습니다. 덕분에 영국 국민은 나치 독일군에 대한 공포에서 벗어날 수 있었습니다. 그는 1953년 전쟁 후 저술한《제2차 세계 대전》이라는 6권 분량의 역사서로 노벨문학상도 수상했는데요. 이 책을 통해 그가 전쟁이라는 위기 상황 속에서도 역사의 도도한 흐름을 정확하게 파악하고 그 모습을 얼마나 꼼꼼하게 정리했는지 알 수 있습니다.

메르켈 역시 '문제 해결사'를 자처한 리더였습니다. 그녀는 상황을 정확히 분석하고 예측하며 꾸준하게 문제를 해결하는 능력이 탁월했습니다. 물리학자답게 문제를 잘게 쪼개어 풀어나가되, 인내심을 갖고 일을 추진하는 뚝심이 대단한 인물이었지요. 메르켈은 베를린 장벽이 무너진 뒤 통일 독일의 여성 청소

년 장관으로 일하는 동안 낙태, 양성평등, 청소년 보호, 여성 실업 등 고질적인 문제들을 집요하게 해결했습니다. 2015년 독일의 난민 수용 과정은 그녀가 보여준 문제 해결력의 대표적인 사례입니다. 당시 메르켈은 시리아 내전으로 발생한 난민 100만여 명의 독일 입국을 조건 없이 받아들였습니다. 이 결정으로 독일은 국가 평판도 높이고, 국내 생산 인구 감소 문제도 해결하는 등 일거양득의 효과를 거뒀지요. 덕분에 메르켈은 정치 지도자로서는 외적인 카리스마가 강력하지 않음에도 불구하고 16년의 재임 기간 중 보여준 이른바 '무티(Mutti, 독일어로 '엄마'라는 의미) 리더십'으로 퇴임 후에도 여전히 독일 국민에게 높은 지지를 받고 있습니다.

태도와 동기 부여에 관한 전문가 제프 켈러Jeff Keller는 《모든 것은 자세에 달려 있다》에서 성공은 자세에서 시작되고 끝을 맺는다고 이야기했습니다. 그는 자세를 창문에 비유했는데요. '자세의 창'을 깨끗이 닦아야 외부의 다른 것들이 그 창을 통해 들어와 빛을 발한다고 주장했습니다. 그의 비유에 따르면 창이 지저분하면 아주 적은 빛만 창을 투과합니다. 즉, 태도가 바르지 못하면 성공에 제한이 따르거나 성공으로 가는 길이 막혀버릴 수 있다는 의미입니다. 따라서 우리는 창을 지속적으로 깨끗하게 유지하는 법을 배워야 하며, 그때 비로소 깨끗한 창을 통해 들어온 밝은 햇살과 더불어 더 나은 인간관계를 맺고, 더 많은 부를 쌓을 수 있으며, 자기 안의 무한한 잠재력을 발휘할 수 있다는 것입니다.

저는 켈러의 "창을 계속 깨끗하게 유지해야 한다"는 말을 '단정함'이라고 압축하고 싶습니다. 태도가 단정하다고 할 때는 보통 '바를 정正'을 사용하지만, 저는 '가지런할 정整'이 더 적절하다고 생각합니다. 태도가 바른 것만큼 태도가 가지런해서 정리정돈이 잘된 것도 중요합니다. 리더의 자리에 있다면 더더욱 그렇습니다. 리더의 일상과 태도가 늘 가지런히 정돈되어야 어떠한 문제든 명료하게 해결하는 공간을 유지할 수 있습니다. 주위가 어수선하고 태도가 산만하면 문제에 집중하기 어렵기 때문입니다.

리더의 차이는 재능이나 상황, 특성에서 나오지 않습니다. 리더의 차이는 태도에서 나옵니다. 오래도록 존경받는 리더는 자신이 속한 조직이 당면한 문제를 자기만의 올곧고 정돈된 태도와 철학을 바탕으로 탁월하게 해결했다는 공통점이 있습니다. 고대 그리스의 철학자 아리스토텔레스Aristoteles는 "질서는 크기와 함께 아름다움의 한 요소이다"라고 말했습니다. 리더에게는 대내외적인 혼돈 속에서 팀원과 조직을 지켜내는 질서를 사수해야 할 책임과 의무가 있습니다. 이때 리더의 태도는 이 막중한 역할을 감당하게 하는 든든한 버팀목이 되어줄 것입니다.

참고 문헌

- 《나는 왜 말하는 게 힘들까》, 제니퍼 앨리슨 지음, 윤동준 옮김, 다른상상, 2018.
- 《나는 왜 이 일을 하는가?》, 사이먼 시넥 지음, 이영민 옮김, 타임비즈, 2013.
- 《다정함의 과학》, 켈리 하딩 지음, 이현주 옮김, 더퀘스트, 2022.
- 《두려움 없는 조직》, 에이미 에드먼슨 지음, 최윤영 옮김, 다산북스, 2019.
- 《리더는 목적을 먹고 산다》, 존 매키·스티브 매킨토시·카터 핍스 지음, 김성남 옮김, 틔움출판, 2022.
- 《리더십의 법칙 2.0》, 존 맥스웰 지음, 정성묵 옮김, 비전과리더십, 2019.
- 《리더의 용기》, 브레네 브라운 지음, 강주헌 옮김, 갤리온, 2019.
- 《모든 것은 자세에 달려 있다》, 제프 켈러 지음, 김상미 옮김, 아름다운사회, 2015.
- 《문성후 박사의 말하기 원칙》, 문성후 지음, 21세기북스, 2020.
- 《부의 추월차선》, 엠제이 드마코 지음, 신소영 옮김, 토트출판사, 2013.
- 《블랙박스 시크릿》, 매슈 사이드 지음, 이영아 옮김, 알에이치코리아, 2016.
- 《신뢰 이동》, 레이첼 보츠먼 지음, 문희경 옮김, 흐름출판, 2019.
- 《직장인의 바른 습관》, 문성후 지음, 이지퍼블리싱, 2019.
- 《힘 있는 말하기》, 데이비드 크리스탈 지음, 이희수 옮김, 토트출판사, 2016.

리더의 차이는 어디에서 나오는가

리더의 태도

초판 1쇄 발행 2023년 2월 6일
초판 6쇄 발행 2024년 4월 17일

지은이 문성후
펴낸이 민혜영
펴낸곳 (주)카시오페아 출판사
주소 서울시 마포구 월드컵북로 402, 906호(상암동 KGIT센터)
전화 02-303-5580 | **팩스** 02-2179-8768
홈페이지 www.cassiopeiabook.com | **전자우편** editor@cassiopeiabook.com
출판등록 2012년 12월 27일 제2014-000277호

ⓒ문성후, 2023
ISBN 979-11-6827-093-0 03320